아이들의 눈으로 본
학교와 교실 이야기

잠재적 교육과정의
이론과 실제

김대석   성정민   김경성

박영story

서문

"아이들을 잘 가르치고 싶다"는 것은 교사라면 누구나 갖는 생각이다. 특히 교직을 준비하거나 처음 교직을 시작하는 교사라면 더더욱 그 마음은 클 것이다. 그래서 교사는 수업시간뿐만 아니라 학교생활 전반에서 아이들을 잘 가르치고 지도하기 위해 열심히 노력한다. 보통 교육활동은 무엇을 어떻게 가르치고자 하는 의도를 바탕으로 계획적으로 이루어진다. 이것은 공식적 교육과정(formal curriculum)을 지칭한다.

교육은 정말 의도적으로 계획하는 대로만 이루어질까? 우리가 지난날 학교생활에서 배운 것을 떠올려 보면 교육은 의도적이고 계획적인 것만으로 이루어지는 것이 아님을 알 수 있다. 아이가 갖고 있는 가치관, 생각, 느낌, 태도의 많은 부분은 교육경험을 통해 영향을 받는다. 그리고 그 경험은 수업시간에 교과서를 통한 공식적 경험과 활동 외에도 비공식적(informal) 경험과 활동, 예를 들면 어느 날 선생님이 보였던 태도나 행동, 동료와의 싸움이나 갈등을 포함한다. 비공식적 경험과 활동으로 인한 영향에 대해 1968년 필립 잭슨은 『교실에서의 생활』에서 구체화하였다. 잭슨은 학교교육의 결과를 1차적인 것과 2차적인 것으로 구분하였다. 1차적인 것은 수업에서 공개적으로 다루는 지식과 기술을 학습함으로써 나타나는 아이의 변화이고, 그것을 제외하고 학교가 아이에게 영향을 미치는 전부를 2차적인 것으로 정의하였는데, 2차적인 것으로 인한 영향이 바로 잠재적 교육과정이다.

아이에게 미치는 영향을 고려할 때 잠재적 교육과정은 표면적(공식적) 교육과정과 비교해 그 중요성이 결코 작지 않다. 어느 경우엔 잠재적 교육과정의 경험이 너무도 커서 졸업하고 나서도 교사, 동료에 대해 오랫동안 좋거나 나쁜 경험으로 기억된다. 따라서 교육을 이해하기 위해선 잠재적 교육과정의 특성과 영향력에 대한 이해가 필수적이다.

잭슨 이후 잠재적 교육과정은 비판적 교육학자들에 이해 이론적이고 이데올로기적인 측면에서 논의되었다. 잠재적 교육과정에 관한 이론적 접근방법과 교실생활의 사회화 과정에서 숨겨진 정치·경제·사회적인 이념에만 관심을 보이고 교실현장에서 잠재적 교육과정이 나타나는 과정이나 그것이 실제로 아이의 생각, 가치관, 태도, 감정에 어떤 영향을 미치는지에 대한 연구는 미진했다. 잠재적 교육과정이 공식적 교육과정에 많은 긍정적 영향을 줄 수 있음에도 불구하고, 학급에서 이를 활용하는 연구가 미흡하였다. 특히 한국의 잠재적 교육과정에 대한 실제적 연구와 출판물은 김종서(1987) 이후에는 거의 드물며, 대부분의 연구들이 비판적, 이데올로기적 측면에 국한되어 논의되었다.

이 책은 교육에 큰 영향을 미치는 잠재적 교육과정의 실제가 소홀히 다뤄지고 있다는 문제의식에서 출발하였다. 이 책의 PART Ⅰ '잠재적 교육과정의 이론'에서는 잠재적 교육과정의 개념과 정의가 소개되며 잠재적 교육과정의 이론들이 어떻게 전개되어 왔는지 그 과정을 잘 보여준다. PART Ⅱ '잠재적 교육과정의 실제'는 학급에서 잠재적 교육과정이 실제로 나타나고 작동되는 메커니즘을 잘 보여 준다. PART Ⅱ는 교육과정 및 교수학습, 학급운영 및 학급인성교육, 교사와 학생의 관계, 인권·차별·평등, 학교 및 학급문화 등으로 구분하여 생생한 실제 사례와 이론 및 해설을 제시하였다.

잠재적 교육과정은 교사나 정책자의 관점이 아닌 아이의 눈으로 바라볼 때 그 실제를 파악할 수 있다. 이 책은 교실의 생생한 현장을 아이의 시각으로 바라본다. 그래서 실제적이다. 본문 내용을 보면 많은 교육서에서 법칙처럼 얘기하는 것들이 실제로 교실 현장에서는 제대로 작동하지 않음을 알 수 있다. 오히려 아이에 따라 교사의 의도와는 정반대의 결과로 나타나는 것을 알 수 있다.

이 책을 통해 수업을 운영하고 아이와 상호작용할 때 요구되는 전문적 지식과 스킬을 배울 수 있다. 또한 교실 활동에서 미처 몰랐던 아이의 반응이나 속마음을 알고 교사의 작은 언행과 태도, 아이와의 관계가 아이의 정서와 인격형성에 얼마나 큰 영향을 미치는가를 알 수 있다. 예비 교사들은 이 책을 통해 교육현장의 실제 모습을 생생하게 접하고 전문가로서 교직역량을 함양할 수 있다. 이 책이 학급 및 수업운영과 학생과의 상호작용에 요구되는 지식과 스킬을 향상시키는 데 도움이 되길 바란다.

2020년 2월
우리 교육의 산실 공주대학교 사범대에서
김대석, 성정민, 김경성

목차

사례 목차

사례 목차

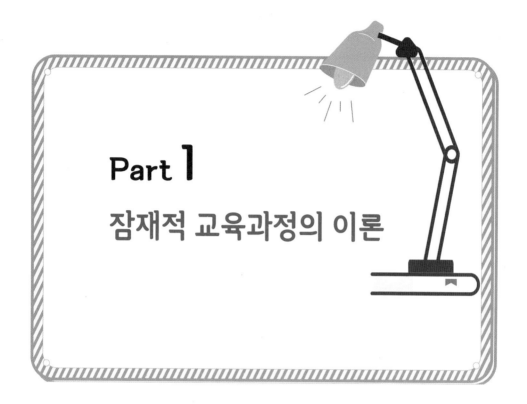

Part 1
잠재적 교육과정의 이론

1. 잠재적 교육과정의 개념 및 정의[1)]

　잠재적 교육과정의 개념은 잠재적 교육과정과 대비되는 개념인 공식적 교육과정과 영 교육과정 간의 차이를 통해 쉽게 이해할 수 있다. 교육과정을 보이는 정도에 따라 구분하면 공식적, 잠재적, 영 교육과정으로 구분할 수 있다. 아래의 그림에서 물 밖으로 드러나 보이는 교육과정이 공식적 교육과정이다. 다음으로 수면 바로 밑에서 보일락 말락하는 것이 잠재적 교육과정이다. 마지막으로 수면 저 밑에 있어 보이지 않는 것이 영 교육과정이다.

　잠재적(latent) 교육과정의 개념은 **잭슨**(P. Jackson)이 처음 밝혔다. 잠재적 교육과정은 잘 보이지 않는다. 그래서 **숨은(hidden) 교육과정**으로도 불린다. 그러나 잘 보면 보인다. 잠재적 교육과정은 **공개적으로 가르치거나 다루어지지 않았지만 수업 분위기, 학급문화, 학교의 관행 등으로 학생이 은연중에 배우거나 경험한 것**들이다. 잠재적 교육과정은 가치, 태도, 행동양식 등의 **비형식적(informal) 교육과정**이다.

　잠재적 교육과정을 구분하는 중요한 기준은 **공개성 여부**이다. 공개적으로 가르치거나 다루어지지 않은 상태에서 학습이나 경험이 일어났다면 그 모두가 잠재적 교육과정일 것이다. 교사나 교육과정 개발자가 의도적으로 배제하였는가 여부는 중요하지 않다. 또한 학생이 해당 내용이 배제되었음을 인지하였는가 여부 역시 구분에서 중요하지 않다.

<표 1> 잠재적 교육과정과 공식적 교육과정의 구분[2]

공개성 여부	교사, 교육과정 개발자의 의도성 여부	해당 내용이 배제되었음을 학생이 인지한 여부	
공개적으로 드러나지 않은 상태(숨겨진 상태)에서 학습이 일어남[a]	①의도적으로 해당 내용을 배제함 ②의도하지 않게(무의도적) 해당 내용을 배제함	①학생이 해당 내용이 배제되었음을 인식하지 못하지만 은연중에 배움(학습됨) ②학생이 해당 내용이 배제되었음을 인식하고 숨겨진 내용을 파악함(즉, 교묘하게 은폐되었음을 인식하고 그 속에서 행간을 읽고 해당 내용을 알게 됨)	잠재적 교육과정
공개적으로 드러난 상태에서 학습이 일어남[b]	공식적 교육과정		

잠재적 교육과정은 그 원인이 수업 분위기, 학급이나 학교의 문화, 상, 벌, 관행, 편견, 시설 등으로 매우 다양하다. 잠재적 교육과정을 흔히 **공식적 교육과정의 그림자**라고 한다. 이것은 공식적 교육과정이 있는 곳에 보통 잠재적 교육과정이 같이 존재하기 때문이다. 잠재적 교육과정은 **사후적 개념**이며 결코 사전적 개념이 아니다. 교육과정이나 수업 후에 나타나서 사후에 확인이 가능하다. 그래서 **아이즈너**(E. Eisner)는 잠재적 교육과정을 **사후적 결과**(expressive outcomes)로 표현하였다.

....

a 예: 사회과에서 공개적으로 다루지 않는 1970~80년대 산업화 과정에서 노동자의 애환을 학생이 은연중에 파악하는 것. 학교에서 무의도적으로 다루지 않은 학교의 권위적 구조를 학생이 은연중에 파악하는 것

b 교육과정에 공개적으로 해당 내용을 다루고 교사는 교육하고 그래서 학습이 일어나는 경우이다. 예: 사회과에서 공개적으로 다루는 새마을 운동, 기업가의 역할을 학생이 배우고 학습이 일어난 경우이다.

2. 잠재적 교육과정의 전개[c]

가. 잠재적 교육과정의 발전

잠재적 교육과정은 교실이 사회화의 중요 장소라는 인식과 함께 논의되기 시작하였다. 교실에서 학생들은 '작은 사회'를 경험하게 된다. 이러한 관점에서 잠재적 교육과정의 개념은 Jackson(1968)이 **'감춰진'**(hidden)[d]이라는 용어를 사용하기 전부터 사회학 연구에서 이미 사용되었다.

사회학자 Durkheim(1961)에 따르면, 학생은 교과서 및 교사용 지침서로 대표되는 공식적 교육과정에 명시된 것보다 잠재적 교육과정에서 더 많은 것을 배우고 학습한다. 학교 또는 교사가 의도하지 않은 내용이 교육과정에 잠재되어 학생의 사회화 과정에 큰 영향을 미친다는 것이다.

학생이 교실에서 생활하면서 공식적 교육과정에서 의도하지 않는 가치, 태도, 인간관계 방법 등을 배우는 것을 관찰한 초기 연구자로는 Jackson과 Dreeben이 있다. 이들은 1960년대 말 잠재적 교육과정을 발견하고 이에 대한 논의를 주도하였다. 초등학교 교실생활을 관찰한 Jackson(1968)은 학생이 잠재적으로 배우는 내용으로 조용히 기다림, 자제, 노력, 과제 완성, 바쁨, 협동, 교사와 동료 존중, 깔끔함, 시간 준수, 예의 바른 행동 등을 제시하였다.

Dreeben(1968)은 학교·학급 규범에의 적응이라는 관점에서 잠재적 교육과정을 이해하였다. 학생들은 다양한 경제·사회적 배경을 가진 각자의 가정에서 교육을 받고 성장하다가 학교라는 공식적인 영역에 적응해야만 한다. 그 과정에서 학생들은 학교라는 공간에서 통용되는 규범에 적응하는 방법을 자연스럽게 배우게 된다.

....

c 본 절의 내용은 〈박우식(2019). 잠재적 교육과정 관점에서 학급훈육 의사결정모형 개발 연구. 공주대학교 박사학위논문〉에서 발췌하여 종합·정리하였음

d '잠재적'으로도 번역됨

학생들이 **은연중에 배우게 되는 규범**의 특징을 Dreeben은 독립, 성취, 보편성, 특수성으로 보았다. 그가 제시한 규범의 특징을 살펴보면, 근대 산업사회의 가치와 다르지 않다. 그 이유는 학교제도가 본격적으로 시작된 것은 근대 산업사회의 시작과 시기적으로 일치하기 때문이다. 따라서 산업사회가 요구하는 가치관과 태도를 형성하기 위해 학교제도와 교실의 분위기는 학생에게 **순응과 협력의 가치 및 규범의 준수**를 요구하였다. 학생이 배우는 대표적인 잠재적 교육과정의 내용으로 학급에서 일시적인 사회적 관계 형성, 개인의 정체성 은폐, 교사의 단정적인 대우에 대한 합법성 인정 등은 산업사회의 가치와 크게 다르지 않다(Dreeben, 1968).

Jackson과 Dreeben 이후로 Snyder, Vallance, Bowles와 Gintis, Martin, Willis, Anyon, Apple, Giroux 등이 잠재적 교육과정에 관심을 보였다. 이들은 자신의 관심 분야에서 잠재적 교육과정을 학문적으로 해석, 정립, 발전시켰다.

심리학자인 Snyder(1971)는 잠재적 교육과정을 **교사의 기대와 학생의 기대 사이의 차이**라고 보았다. 잠재적 교육과정은 교육의 결과가 교사의 기대와 차이를 보일 때, 의도하지 않은 교육으로 인한 학생의 학습 결과를 의미한다.

Vallance(1973)는 잠재적 교육과정을 학교 수업의 비학문적인 결과, 공부하지 않은 교육과정, 학교교육의 부산물, 학교교육이 학생에게 암묵적으로 하도록 하는 강요라고 정의하였다. Vallance가 이해한 잠재적 교육과정은 **공식적 교육과정 이외에 학생이 자연스럽게 배우는 모든 내용**이다.

Martin(1976)은 교사의 권위 사용, 교사와 학생의 관계를 지배하는 규칙 및 표준화된 학습활동도 잠재적 교육과정의 발생 원인이 될 수 있으며, 이에 따라 교사의 언어사용, 교과서, 능력별 반 편성, 교육과정 정책 우선순위 등도 잠재적 교육과정에 영향을 준다고 주장하였다.

Bowles와 Gintis(1976)는 학생 자신의 지적인 능력, 개인특성, 직업적인 선택과 관련하여 학생에게 **비언어적이지만 강력한 메시지를 전달**하는 것이 잠재적 교육과정을 통해 발생 및 학습된다고 주장하였다. 더 나아가 이들은 잠재적 교육과정이란 학생이 기존의 사회구조를 자연스럽게 수용하고 자신의 사회·경제·정치적인 역할을 재생산하는 것으로 해석하였다.

사회문화 재생산의 관점에서 보면, 학교는 기성 사회구조를 재생산하는 데 중요한 기능을 한다. 잠재적 교육과정은 특별한 방식으로 기존 사회구조 재생산의 역할을 학교에 암묵적으로 부여한다(Anyon, 1980). 즉, 교육과정, 평가방식, 교육의 내용은 인지적·행동적인 특정 기술을 강조하면서 상징적인 자본, 권위, 교육과정과의 잠재적 관련성을 학생들에게 학습시킨다는 의미이다. 잠재적 교육과정은 다양한 관심, 문화형태, 투쟁, 계약과 관련되며(Apple, 1982), 규범, 가치, 신념이 기저의 규칙을 통해 학생들에게 전수되고 침투된 것으로 정의할 수 있다(Giroux, 1983). 특히 학생들이 학교에서 배우는, 진술이 어려운 기저의 규칙들은 학교 또는 교실에서 발생하는 일상적인 일들과 사회적 관계를 구조화시킨다. Giroux는 이를 학교가 지배사회의 계급, 인종 및 성별(gender) 관계의 사회·문화적 재생산을 매개하고 합법화시킨다는 점에 주목하였다(Kentli, 2009).

Bain(1985)은 1980년대 중반까지 **잠재적 교육과정에 대한 4가지 이론적 관점**이 존재함을 주장하였다.

첫째, 초기 잠재적 교육과정 연구는 특별한 이론이 없이 교실에서의 생활을 관찰하고 기술하는 접근방법을 취하였다. Jackson의 연구가 대표적이다.

둘째, 잠재적 교육과정에 대한 **기능주의적 관점**으로 학교를 사회화의 과정으로 해석한 Dreeben의 주장이 대표적이다.

셋째, **대응적 관점**으로 대표적인 학자는 Bowles와 Gintis이다.

넷째, 1980년대 Apple과 Weis(1983)는 대응이론으로 알려진 잠재적 교육과정의 재생산 논의를 비판하는 관점을 취했다. 특히 Apple은 잠재적 교육과정의 특징을 설명하기 위해 '재생산'보다는 '헤게모니'(Hegemony)라는 용어를 사용하였다. 이는 학교교육을 통해 배우게 되는 잠재적 교육과정이 학생들을 기존 사회체계에 통합시키기도 하지만 기존 사회에 대항할 수 있는 기회도 제공하기 때문이다. Apple과 Weis는 학교교육에 있어서 이데올로기적인 요소와 이런 요소들이 어떻게 학습되는지를 분석하였다. 이 내용을 정리하면 아래의 표와 같다.

<표 2> 잠재적 교육과정의 주요 관점(Bain, 1985)

이론적 관점	대표 저작
1. 특정 이론 없음	Jackson(1968), *Life in Classroom*
2. 기능주의 관점	Dreeben(1968), *On what is Learned in Schools*
3. 대응적 관점	Bowles & Gintis(1976), *Schooling in Capitalist America*
4. 재생산 및 변형 비판이론	Apple & Weis(1983), *Ideology and Practice in Schooling*

Bain의 연구 이후, Skelton(1997)은 잠재적 교육과정의 관점을 **기능주의적, 진보적, 비판적 관점**과 함께 **포스트모던적인 관점**으로 다시 구분하였다. 특히 그는 포스트모던적인 관점에서 잠재적 교육과정에 영향을 준 대표적인 학자로 Foucault를 거론하였다. Foucault의 이론과 논리는 교육과정 연구에 있어서 공식적인 교육과정인 교과내용 속에 잠재되어 있는 권력과 지식의 무비판적인 수용 및 이를 통해 교사가 자연스럽게 가르치고 학생이 잠재적으로 배우는 거시적 담론의 구조 관계를 파악하고 있다.

잠재적 교육과정에 관한 대표적인 국내 연구자는 김종서이다. 김종서(1994)는 잠재적 교육과정에 영향을 주는 모든 영역을 수용하지 않고 그 한계를 분명히 하였다. 그가 제시한 학교교육에서 수용할 수 있는 **잠재적 교육과정의 범위와 개념**은 다음과 같다.

첫째, 교육발전에 유익한 유용성

둘째, 문제행동의 인식, 교정, 예방, 재발방지 및 긍정적 행동 강화가 가능한 교사의 통제성

셋째, 학교생활 중에서 학교(교사)가 의도하지 않았으나 학생이 경험한 내용

또한 김종서는 기존 교육과정의 영역을 확대하면서 학생의 학급생활, 학교(급)제도와 규칙, 학급에서의 위계관계, 도덕적 상호작용과 가치교육 등 학교가 의도하지 않은 학교교육의 전 사태를 잠재적 교육과정에 포함시켰다. 김종서는 Jackson이 학생의 교실생활에서 발견한 3가지 잠재적 기능을 수정·보완하면서, 잠재적 교육과정의 구체적인 내용이 발현되는 것을 **학교교육의 목적, 강제성, 군집성, 위계질서**라고 주장하였다.

나. 잠재적 교육과정의 재개념화: 긍정적 측면에 주목

Jackson(1968)은 학생의 교실생활을 관찰하면서 이들 사이에서 자연스럽게 학습되는 숨어 있는 교육과정에 관심을 가졌다. 그는 교실의 특징인 **군집(crowds), 칭찬(praise), 권력(power)**에 주목하였다. 교사가 **의도하거나 계획하지는 않았지만 학생이 학습하는 내용**은 부정적이든 긍정적이든 결과적으로 인간의 집단생활과 권력관계에서 나타나는 현상들이었다. 이처럼 Jackson은 감추어진 학생들의 잠재적인 학습내용에 연구의 초점을 맞추었다.

이에 반해, Martin(1976), Gordon(1984), Connelly와 Clandinin(1988)은 잠재적 교육과정의 의도하지 않은 결과(또는 메시지)에 중점을 두었다. "심지어 가장 재미없는 활동도 흔히 의도하지 않은 결과를 동반"하기 때문에(Dale, 1990), 이런 결과나 메시지는 인식되거나 확인될 수도 있지만 그렇지 않을 수도 있다. 특히 인식 못 하거나 확인될 수 없는 메시지도 부지불식간에 학생의 태도와 가치관에 영향을 주게 된다. 이런 관점에서 숨겨져 있으면서 강력하게 작용하는 잠재적인 요인이 있는데 그것은 바로 **'학교의 변함 없는 구조가 주는 영향'**이다(Illich, 1978). 학교에서 숨겨진 잠재적 교육과정의 영향을 객관적으로 이해하기 위해서는 교사가 기대하거나 의도하지 않은 결과(또는 메시지)에 내포된 '잠재'의 개념에 대한 정확한 이해가 필요하다.

1980년대 초까지 잠재적 교육과정 연구는 이론적이고 이데올로기적인 측면에서 논의되었다. 연구자들은 잠재적 교육과정에 관한 이론적 접근방법에 관한 논의와 학급생활을 통한 학생의 사회화 과정에서 숨겨진 정치·경제·사회적인 이념에 관심을 가졌다. 아울러 잠재적 교육과정이 공식적 교육과정을 운영하는 데 많은 영향을 주고 있음에도 불구하고, 학급에서 이를 활용할 수 있는 연구도 미흡하였다. **잠재적 교육과정의 긍정적인 활용을 위해** 외국의 교육과정 연구자들은 **공식적인 교육과정과 실천된 교육과정 사이의 '차이'**(discrepancy)에 주목하였다(Gregg, 1988).

공식적인 교육과정과 실천된 교육과정 사이의 차이에서 발생하는 학습내용은 교사가 의도한 것일 수도 있고 의도하지 않은 것일 수도 있다. 같은 맥락에서 잠재적 교육과정 관련 연구를 수행한 Cotton, Winter와 Bailery(2013)는 학생이 **궁극적으로 배**

우게 되는 교사가 의도한 메시지 또는 의도하지 않은 메시지에 주목한다. 동일한 교육활동 속에서도 학생들이 학습하는 잠재적인 교육과정의 메시지는 차이가 발생할 수 있다. 따라서 메시지의 의도성 여부보다는 학생들이 궁극적으로 인식하고 학습한 메시지가 긍정적 또는 부정적 영향을 주는지의 문제가 더 중요하다.

기존의 잠재적 교육과정 연구는 학생이 잠재적으로 배우는 메시지의 부정적인 측면에 관심을 가졌다. 부정적인 메시지는 암시되지 않고 경험되기 때문에(Portelli, 1993), 메시지가 긍정적인지 또는 부정적인지에 대한 구분은 중요하다.

잠재적 교육과정은 학생의 학급생활 전 사태(events) 속에서 나타난다. 잠재적 교육과정은 학생의 교실생활 대부분을 설명해 주며, 학습태도와 결과 및 학업성취에 부정적이거나 긍정적인 영향을 미친다. 따라서 교사가 잠재적 교육과정의 존재를 인정하고 이를 고려한 수업을 계획한다면 교육적 효과는 증가하며 잠재적 교육과정을 **긍정적으로 적용하는** 것도 가능하다. 반면에 교사가 이것을 무시하면 잠재적 교육과정은 학급활동이나 교사학생의 관계에 부정적인 영향을 줄 것이다(Massialas, 1996).

잠재적 교육과정의 긍정적인 측면을 효과적으로 사용하는 교사는 독단적으로 학급을 운영하기보다는 학생들의 흥미와 호기심을 불러일으키고 학생이 학급활동에 자발적으로 참여하도록 학급활동을 계획한다. 교사가 잠재적 교육과정을 충분히 고려한다면 학생의 문제행동을 사전에 예방하고 문제행동 발생에 효과적으로 대응하는 데 도움이 된다. 또한 잠재적 교육과정에 관심이 있는 교사는 구성주의 인식론에 근거한 협동학습을 강조하고 수행평가나 포트폴리오 평가 등에 관심을 가진다. 왜냐하면 학생의 적극적인 학급활동 참여는 학급 분위기를 향상시키고 교사와 학생의 정서적 유대를 증가시키기 때문이다. 잠재적 교육과정을 면밀하게 검토하고 부정적으로 영향을 주는 요소를 줄인다면, 교사와 학생의 관계 및 의사소통 능력을 향상시키고 유대를 강화시키는 기제가 된다(Massialas, 1996).

이처럼 잠재적 교육과정의 **긍정적 측면에 관심**을 가진 교육가들이 1980년대 중반을 전후로 등장한다. 이들은 잠재적 교육과정의 부정적 영향을 감소시키고 **긍정적 영향을 극대화하여 학급 및 수업 운영에 도움이 되는 방법을 제안**하고 있다. 잠재적 교육과정의 입장에서 바람직하지 않은 결과를 초래할 가능성이 있는 요소를 사전에 조정하는 것이 이를 긍정적으로 활용하는 방법이다.

Giroux와 Penna(1979)는 잠재적 교육과정의 부정적 측면을 감소시키기 위해 교사가 사용하는 이행전략을 제안하였다. 그 전략은 다음의 다섯 가지이다.

① 학생을 능력에 따라 서열화시키지 않는다.

② 외적 보상을 내적 보상으로 대체하고, 특히 통제의 수단으로 점수를 사용하지 않는다.

③ 조정자로서 교사의 역할을 분명하게 이해시키기 위한 효과적인 방법으로써 모둠학습(활동)을 도입한다. 이것은 학생이 사회적 책임과 집단 결속력을 기르는 사회적 맥락을 제공한다.

④ 공장의 노동을 연상시키는 학교의 시간운영 방식을 유연하게 바꾼다.

⑤ 또래 리더를 정한다. 또래 리더는 또래집단 사이의 사회적 관계를 향상시키고 교사가 개입을 하지 않아도 모둠의 목표를 달성에 기여한다(Giroux & Penna, 1979).

Giroux와 Penna가 제안한 잠재적 교육과정의 긍정적인 기능은 학업성취에 따른 학생 차별 금지, **내적훈육(self-discipline)**의 강조, 명확한 교사의 역할 제시, 유연한 수업시간 운영, 학급활동에서 교사의 개입 최소화이다.

공식적 교육과정과 잠재적 교육과정의 차이를 최소화하는 방법은 **학생을 교육의 과정(process)에 참여**시키는 것이다. 교사는 잠재적 교육과정에 영향을 주는 다양한 내용을 확인하고, 이 내용이 교육과정 개발과 실천에 반영되도록 노력해야 한다.

다. 잠재적 교육과정의 형성에 영향을 주는 요인

Azimpour와 Khalilzade(2015)는 잠재적 교육과정의 형성에 영향을 주는 영역으로 학교규칙, 대인관계 기술, 교사와 학습자의 상호작용, 수업(교수학습)을 제시하였다.

첫째, **학교규칙과 운영**은 잠재적 교육과정의 형성에 영향을 준다. 학교의 반 편성 및 모둠 결정, 성적 및 활동 등에 대한 각종 평가, 학생지도 및 격려, 학교업무 운영에 참여 등과 관련된 규정과 규칙이 존재한다. 이러한 규칙과 운영은 학생의 인격(personality)에 영향을 미친다. 예를 들면 평가결과나 학업성취에 대한 교사의 반응이다. 교사가 평가결과가 부족한 학생에게 창피를 준다면, 그 학생은 교사와 교과에 대한 부정적인 태도를 경험하고 학업성취 향상 의욕이 감소될 것이다. 교사나 교과에 대해 학생이 학습한 부정적인 정서는 잠재적 교육과정의 일부이다. 개별적인 학급활동이나 모둠활동 역시 학생에게 잠재적으로 영향을 준다.

둘째, **대인관계 기술**은 그 자체로도 교육적인 중요성을 가지며 잠재적 교육과정을 형성한다. 교사가 학생을 대하는 방식과 태도는 학생의 대인관계 기술에 영향을 미친다. 교사가 편견을 가지고 차별적으로 학생을 대한다면 학생은 교사의 대인관계 방식에 대해서 저항 또는 수용하는 태도를 은연중에 갖는다. 이처럼 교사가 학생을 대하는 방식과 태도는 학생의 인성과 태도에 영향을 미친다.

셋째, **교사와 학생의 상호작용**도 잠재적 교육과정의 중요한 부분이다. 교사가 개방적 태도를 가지고 학생들에게 충분한 기회를 제공한다면, 이것은 학생의 노력, 능력, 자신감을 강화시킬 것이다. 교사가 자신의 의지와 교육철학에 따라 권위적인 방식으로 학급을 운영하면, 학생은 수동적이 되고 자신도 교사처럼 타인을 지배하려는 방식을 잠재적으로 학습하게 된다.

넷째, **교수·학습**도 잠재적 교육과정 형성에 영향을 준다. 잠재적 교육과정을 고려하지 않은 교수·학습 계획은 학생의 잠재적 학습에 영향을 주는 요소들을 무시하는 것이다. 교사는 교육적 효과가 직접적으로 드러나 보이는 영역에는 집중하지만, 학생들에게 잠재적으로 영향을 주는 영역은 보지 못하고 지나치거나 잘 모르는 경향이 있다. 잠재적 교육과정의 영역과 실제를 확인하고 이를 교육과정과 수업의 계획 및 실천에 활용하는 것이 필요하다.

Apple(1975)과 Giroux(1988)는 학생의 잠재적 교육과정 형성에 영향을 주는 원인을 다음의 3가지로 제시하고 있다.

첫째, 학교의 규정과 규칙

둘째, 교수학습 방법, 학생지도 방법, 학생과의 관계 형성

셋째, 교육과정에서 다루는 특정 지식(내용)

Anderson(2001)은 잠재적 교육과정 형성에 영향을 주는 원인을 다음의 3가지로

제시하고 있다.

첫째, 학급(교)의 규칙이다. 학급(교)에서의 규칙은 두 가지로 구분된다. 공식적인 교육과정의 성공적인 성취를 위해 필요한 공개적인 학칙, 규정, 및 규칙이 있다. 이에 반해 공식화되지는 않았지만 학생들 사이에 또는 교사와 학생 사이에 암묵적으로 합의되어 있으며 지켜야 하는 규칙이 있다.

둘째, 학급(교)의 환경이다. 학급(교)의 물리·사회·문화적 환경에 따라 학생의 교실생활, 수업조건 및 수업과정을 구조화(결정)한다. 환경은 인간의 행동과 습관에 영향을 준다.

셋째, 공식적인 교육과정 안에서 이루어지는 차별, 교화, 문화적인 각인이다. 교과서의 내용, 교사의 교수학습 방법, 교과활동 등의 공식적인 교육과정 안에서 학생이 자연스럽게 습득하게 되는 인종 또는 성적 차별, 특정 이념의 자연스러운 주입, 사회구성원으로 습득·공유·전달되기를 바라는 학습의 결과가 이에 해당한다.

종합하면 잠재적 교육과정 형성에 영향을 주는 요인에는 ①교사특성(교육관, 인성 등), ②교사의 교과·생활지도 방법, ③교사의 학생 및 교과내용 평가방법, ④시설·설비 등 물리적 환경, ⑤학생의 사회·심리적 환경, ⑥정치·제도적 환경 등이 있다(김종서, 1997).

첫째, **교사특성**은 잠재적 교육과정 형성에 깊은 영향을 준다. 교사의 언행, 품성, 인격, 열정 등과 같은 교사특성은 학급활동의 전 영역에 있어서 학생에게 역할 모델이자 모방의 대상이기 때문이다. 학생은 교사를 자신들과 동일시 대상으로 인식하고 교사의 언행을 모방하는 경향이 있다. 교사가 교직에 대한 긍지와 학생에 대한 관심을 가지고 학급을 지도하면 학생은 교사의 태도와 인격에 영향을 받는다. 또한 교사에 대한 학생의 관심과 존경은 교사가 가르치는 교과목에 대한 관심으로 이어지는 경향이 있다.

둘째, 교사의 **교과 및 생활지도 방법**도 잠재적 교육과정에 영향을 준다. 특정 교과목에 대한 학생의 특별한 관심과 호응, 수업시간표 배열, 교과서의 내용에서 성의 역할이나 이상적인 가족의 형태, 인종과 계급, 교수·학습 과정과 방법, 개인차 등은 공식적 교육과정의 내용 이면에 잠재되어 있지만 학생은 이들을 자연스럽게 학습한다. 교사의 생활지도 방법도 잠재적 교육과정에 영향을 주는 요인이다. 사회가 요구하는 가치, 교사의 가치관 및 교육철학, 교사의 학생지도 방법, 학생의 놀이문화, 규칙과 질서(금지사항, 권장사항, 비합리적인 규칙의 내용 등), 칭찬과 벌, 교우관계와 학급임원 활동 등을 통해서 학생은 사회와 집단의 구성원으로서 사회적으로 용인된 행동과 태도를 자연스럽게 배우게 된다.

셋째, 교사의 **평가방법** 역시 잠재적 교육과정에 영향을 준다. 교과 평가에 대한 강조에는 학생의 학업성취, 진학, 진로에 대한 교사나 사회의 가치가 반영되어 있다. 교과목 평가를 통해 학생은 사회가 학교에 요구하는 것들을 배우거나 저항한다. 학생의 성적을 평가하는 과정에서 학생은 교사가 은연중에 기대하는 바를 의도적이든 비의도적이든 학습하고 이에 호응하거나 저항한다.

시험, 성적의 차등, 시험에 대한 심리적 불안 등으로 인해 학급에서 다양한 역학구도가 발생하며, 학생은 이런 관계 속에서 해석과 재해석을 계속하면서 시험과 관련된 독특한 잠재적인 내용을 학습한다. 교과목 평가와는 별도로 학생의 행동에 대한 교사의 평가, 즉 칭찬이나 격려, 꾸중도 학생의 가치관, 태도, 행동형성에 영향을 준다.

넷째, **학교시설·설비 등 물리적 환경**도 잠재적 교육과정에 영향을 준다. 학교의 환경과 시설물, 교실의 물리적 환경을 통해 학생은 학교와 학교생활에 대한 고정된 생각을 배우기 때문이다. 학교의 규모, 교실 공간의 크기, 책상과 의자의 편안함, 교실 바닥의 종류와 색깔 등은 교수학습 과정과 학생의 경험에 긍정적 또는 부정적인 영향을 준다.

그 외에도 잠재적 교육과정에 영향을 주는 영역으로는 학년제도, 담임제도, 학교의 학생회 조직과 운영, 교육행정 조직의 사회·문화·제도적 영향력, 교사와 학생 사이의 상호작용 등이 있다. 교육제도, 학교 및 교육과정 운영, 상호관계를 통해 학생들은 기성사회 체계와 그 속에 포함된 가치들을 자연스럽게 수용하기 때문이다. 아울러 **교육과정 사회학**에서는 공식적인 교육과정의 교육내용과 이를 배우는 교수학습 과정 속에서 특정한 지식의 내용이 지배계층(기성세대)의 이데올로기를 재현하는 방법에 관심을 가지고 있다.

지금까지 잠재적 교육과정의 개념, 정의, 발전 및 잠재적 교육과정에 영향을 주는 요인에 관하여 살펴보았다. 특히 잠재적 교육과정에 영향을 주며 이를 형성하는 원인들은 앞에서 제시된 것들보다 더 다양할 것이다. 교사가 같은 수업을 하더라도 모든 조건이 동일하게 교육과정과 수업을 운영하는 것은 불가능하다. 설령 이러한 수업이 가능할지라도 수업을 듣는 학생들이 가진 지식과 사회·경제적인 배경에 따라 그들이 경험하는 잠재적 교육과정의 내용은 달라질 수 있다. 여기에 우리나라 교육환경에서만 작동하는 독특한 사회·문화적 요인도 잠재적 교육과정에 영향을 주는 요인으로 작용한다.

잠재적 교육과정은 학생에게 **긍정적인 영향**을 줄 수도 있고 부정적인 영향을 줄 수도 있다. 동일한 교육과정과 교과서를 가지고 수업을 하더라도 교수학습 과정에서의 교사의 열정, 교실의 분위기, 학교(급)의 환경, 학교를 둘러싼 사회·문화적 영향력뿐만 아니라 이를 수용하는 학생의 상황(인지·정서·심동적인 능력)에 따라서도 잠재적 교육과정은 긍정적 또는 부정적으로 작용할 수 있다. 따라서 잠재적 교육과정의 원인과 그에 따른 결과를 정확하게 분석하는 것은 어려운 과제이다.

그렇다고 교사는 교육과정을 운영하고 교수학습을 전개하는 데 있어서 잠재적 교육과정을 무시할 수는 없다. 학생들은 교실생활을 통해 공식적인 교육과정만큼이나 잠재적 교육과정을 통해 교육의 사회화 기능을 포함하여 결과적으로 많은 내용을 학습하고 있기 때문이다. 중요한 점은 **잠재적 교육과정의 긍정적인 기능을 최대한 활용하여 교육과정과 수업을 운영하고 학생을 지도하는 것**이다. 즉 교사가 잠재적 교육과정과 그 역할을 정확하게 이해하고 그것의 긍정적인 역할을 적극적으로 활용하는 것이다.

교사가 잠재적 교육과정이 학생의 인격형성과 사회화에 미치는 중요성이 매우 큼을 인정하고, 잠재적 교육과정이 주는 영향에 대한 '반성적'(reflective) 사고를 하면서 수업에 집중할 때, 잠재적 교육과정의 긍정적인 기능을 활용할 수 있다. 이러한 목적을 달성하기 위해서 교사는 잠재적 교육과정의 개념, 발전과정, 긍정 및 부정적 영향 등 잠재적 교육과정 형성에 영향을 주는 메커니즘(mechanism)을 명확하게 이해하고 구체적인 사례를 통해 실천적 지혜를 습득해야 한다. 이것이 본 저서를 집필한 목적이다.

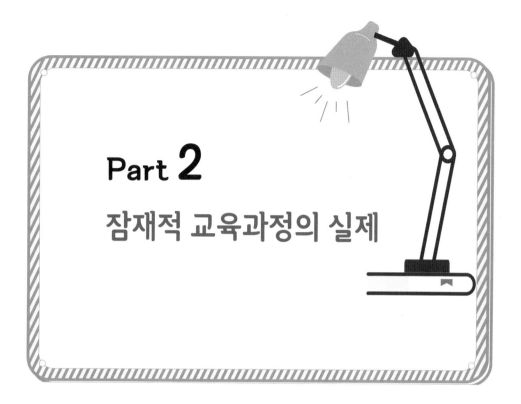

Part 2
잠재적 교육과정의 실제

가. 협동학습

사례 1 우연히 짝과 협동학습(짝활동)을 경험하고, 학습에 효과를 거둠

고등학교 수학시간에 경험한 사례이다. 당시 선생님은 문제지를 학생들에게 나누어 준 후 개인별로 해결하도록 하였다. 그런데 **문제지의 수량이 부족하여 짝과 함께 문제를 풀 수밖에 없었다.** 친구와 함께 문제지를 풀면 불편할 것이라 생각하였으나 이와 달리 학생들은 옆자리 친구와 함께 모르는 부분을 상의하며 해결하기 시작했다. 그러자 대부분의 친구들이 평소보다 10분 정도 빨리 문제를 풀었다. 또한 짝꿍보다 더 잘 풀어야겠다는 경쟁 심리 때문인지 모두가 **평소보다 집중하는 모습**을 보였다. 평소에 어려운 문제가 섞여 있으면 불평부터 했던 학생들이 문제풀이에만 열심히 집중하자 **선생님은 의도하지 않았던 뜻밖의 결과에 놀랐고, 다음 수업 때부터 옆자리 친구와 함께 협동하며 문제를 풀어 가는 수업방법(짝활동)을 적극 활용하였다.** 선생님이 직접적으로 의도하지는 않았지만 예상과 다르게 긍정적인 결과가 나타난 사례이다.

중학교 때 겪은 사례이다. 수업목표는 스파게티 면과 글루건을 이용하여 일정한 무게를 초과하지 않는 튼튼한 구조물을 만든 후, 구조물 위에 책을 가장 많이 쌓아 올리는 것이었다. 선생님은 "이번 활동은 수행평가이기 때문에 누구는 참여를 하나도 안 했는데 좋은 점수를 받고, 누구는 열심히 참여했는데 같은 모둠원들이 적극적으로 참여하지 않아서 낮은 점수를 받는 일이 발생할 수 있다"라고 말하고, 직접 모둠을 편성해 주지 않고 **학생들이 자율적으로 모둠을 편성하도록 하였다.** 한 모둠의 인원은 다섯 명으로 구성되었다. 공부를 잘하거나 성실한 학생은 모둠 편성 시 친구들에게 인기가 많았지만, **성적에는 관심이 전혀 없는 학생과는 다른 친구들이 같은 모둠을 하지 않으려고 피했다. 결국 수업태도나 성적이 좋은 학생들끼리 모둠 편성이 되고, 그렇지 못한 학생들은 어쩔 수 없이 한 모둠이 되었다.** 이런 모둠 편성 때문에 수행평가 결과 역시 예상한 대로 모둠별로 큰 편차가 나타났다.

수행평가 당일 대부분의 모둠이 준비물을 준비해 왔지만, 공부에 관심이 없는 학생들로 구성된 모둠은 수행평가임에도 불구하고 준비물을 하나도 준비해 오지 않았다. 공부를 잘하는 학생들로 구성된 모둠들이 모두 튼튼한 구조물을 만들어서 좋은 점수를 받은 것은 아니지만, 다른 친구들이 같이 하기를 피했던 학생들이 속한 모둠은 모두 튼튼한 구조물을 만들지 못해 좋은 점수를 받지 못했다.

선생님의 의도는 직접 모둠을 정해 주면 나중에 수행평가 점수가 마음에 들지 않을 경우 성적에 대한 이의를 제기할 수 있으므로 이를 사전에 방지하기 위해 자율적으로 모둠을 정하라는 것이었다. 그런데 **자율적 모둠 편성은 학생들의 성적이나 수행수준을 기준으로 모둠을 나누는 결과를 초래하였다.** 학생들은 스스로 모둠을 구성하는 과정에서 **교사의 의도와 다르게 학생들 사이의 관계나 성적 등을 비교하고 편 가르기를 하게 되었다.**

중학교 수업에서 있었던 사례이다. 학기 초에는 선생님이 모둠을 정해 주거나 제비 뽑기 등 무작위로 모둠을 편성했다. 어느 정도 시간이 흐른 뒤 선생님은 '누가 자기랑 잘 맞는지 누구와 함께 모둠활동을 하면 효율적인지 파악이 됐을 것'이라며 학생들에게 **자율적으로 모둠을 편성할 것을 요구하였다.** 그런데 선생님의 의도와 다르게 소수의 학생들은 불만을 품었다. **다른 학생들과 잘 어울리지 못하는 소극적인 학생들은 모둠을 편성하는 데 어려움을 겪었다.** 선생님이 의도한 목적과는 다르게 소수의 학생들은 모둠 편성에 참여하지 못한, 나머지 모둠에 들어가는 등의 곤란한 상황에 처해 마음의 상처를 받았다.

고등학교 모둠별 토론 협동학습 사례이다. 선생님은 다음과 같은 방법으로 모둠을 편성하도록 하였다.

　[모둠장 역할을 잘할 것 같은 사람 추천받기 → 투표로 모둠장 정하기 → 모둠장이 모둠원 한 명 뽑기 → 남은 친구들은 자신이 들어가고 싶은 모둠을 선택해 들어가기]

모둠장 선발 과정에서 학생들은 은연중에 공부 잘하는 아이를 추천했고, 모둠장으로 뽑힌 아이는 자신의 능력을 인정받았다는 점이 기분이 좋은지 뿌듯함이 지나쳐 자만해 보이기도 했다.

다음으로 모둠장이 모둠원을 뽑는 상황에서 **모둠장은 은연중에 자신에게 도움이 될 친구와 그렇지 않은 친구들을 나누기 시작했고, 모둠장에게 선택받지 못한 학생은 많이 실망하는 모습들을 보였다.** 그 후 남은 학생들은 자신이 들어가고 싶은 모둠을 선택해 들어가기 시작했고, **자신의 모둠이 선택되지 않을 때마다 모둠장들은 실망감을 느꼈다.** 마지막까지 모둠의 정원이 차지 않은 모둠의 조장은 **수치심까지 느꼈다.**

사례 5　**모둠에서 다수의 무임승차 학생들로 인하여 열심히 하는 학생도 학습동기를 상실함**

중학교 영어 수업 사례이다. 영어 수업은 영어 회화 능력 향상을 목적으로 하는 수업인 만큼 학생들은 수업 내내 영어로 발표를 했다. 수업방식은 **번호순으로 모둠을 만들어 퀴즈를 풀거나 모둠별로 발표를 하는 것이었다.** 선생님은 각 모둠의 구성원들에게 같은 점수를 부여했기 때문에 수업은 협동심이 요구되었다. 하지만 **내가 속한 모둠의 학생들은 공부에 관심이 없거나 영어를 포기한 상태여서 나 혼자 대부분의 학습지를 채우거나 발표를 했다.** 그런데도 다른 모둠원이 나와 같은 점수를 받아가는 모습을 보면서 **불공평**하다는 생각이 들었다. **그 이후로 나는 발표를 하거나 학습지를 작성할 때 최선을 다하지 않고 적당히 하게 되었다.** 그 이유는 열심히 해도 모둠원들과 같은 점수를 받아갈 것으로 생각을 했기 때문이다.

사례 6 무작위 모둠 편성으로 무임승차 학생이 많은 모둠에 편성되었고, 혼자서 열심히 노력하고 고생하였음에도 불구하고 낮은 점수를 받게 되었고 결과적으로 동료에게 불신이 생기고 모둠과제보다 개인과제를 선호하게 됨

고등학교 모둠별 수업 사례이다. 선생님은 **제비뽑기로 모둠을 편성했는데, 내가 편성된 모둠은 우리 학급에서 최악의 모둠**이었다. 모둠원 3명 중 1명은 수업시간마다 자는 아이였으며, 1명은 한 번도 이야기를 나눠 본 적이 없는 무뚝뚝한 아이였다. 그 무뚝뚝한 아이는 말이 적고 의욕이 없어서 주제 정하기나 역할분담하기가 어려웠고 더군다나 카톡을 하지 않아서 방과 후 과제진행이 되지 않았다. 결국 PPT 제작, 자료 찾기, 대본 등 대부분을 나 혼자 하게 되었고, 발표 대본과 PPT를 완성한 후 발표를 맡은 모둠원에게 주고 확인을 부탁하였다. 하지만 그 아이는 PPT를 보지도 않았고 발표대본도 프린트해 오지 않아서 결국 발표는 엉망이 되었다.

선생님이 모둠별 과제를 시킨 이유는 잘 모르는 동료와도 친해지는 기회를 가지고 협동심을 기르라는 의미일 것이다. 하지만 **우리 모둠의 경우는 과제 기간 내내 나 혼자 고생하였으나, 다른 모둠원은 잘해 보려는 시도조차 하지 않았다.** 더욱이 거기에 발표를 맡은 동료의 불성실함으로 **나는 열심히 노력했음에도 불구하고 낮은 점수를 받았다.** 결과적으로 동료와 친해지기는커녕 동료를 원망하게 되었다. 이런 일을 수차례 겪고 나니 모둠별 과제 때 **모둠원에게 불신이 생기고, 조별과제보다 개인과제를 선호하게 되었다.**

얘는 점수받을 자격이 없는데!

잠재적 교육과정의 이론과 실제

사례 7 두 명씩 짝을 지어 악기를 연주하는 수행평가에서 내가 실력이 부족하면 짝에게
피해를 줄까 위축되었으며, 반대로 내가 실력이 좋으면 끝까지 서로 맞지 않아
불편함을 느낌

중학교 음악시간에는 리코더, 고등학교 음악시간에는 오카리나와 피페를 배운 적
이 있다. 선생님은 **수행평가를 볼 때면 항상 두 명씩 짝을 지어 악기를 연주하도록 하
였다.** 선생님은 학생들이 자신보다 잘하는 아이와 함께 연습하면 쉽게 도움을 받을 수
있을 것이고, 연주실력이 비슷하거나 잘 못하는 친구와 짝이 된다면 격려를 통해 함께
발전하는 모습을 보일 것이라고 생각하였다.

나는 음악은 좋아하였지만 피아노도 어려워할 만큼 악기 연주에는 소질이 없었다.
**선생님의 의도와 달리, 나는 잘하는 친구와 함께 연습을 하면서 오히려 위축이 되었고
실수를 할까 조마조마했으며 나 때문에 잘하는 친구마저 낮은 평가를 받게 될까 봐 걱정
하였다.** 반대로 **연주를 잘하지 못하는 짝과 함께 과제를 수행했을 때는 끝까지 서로 잘
맞지 않았다.** 악기 연주실력이 비슷한 경우에는 서로 안심하여 연습을 소홀히 하는 결과
가 나타나기도 하였다.

〈해설 및 이론〉

협동학습은 사회적 관계를 기반으로 수업이 이루어지므로 공동의 작업을 필수
적으로 요한다. **협동학습의 긍정적 결과로는 타인과의 관계 맺기, 리더십과 만족
감, 학습의 효과, 협동의 경험 등이 있다.** 학습의 효과는 협동학습의 가장 큰 목적
이나, 부수적으로 얻게 되는 **사회정서적 경험**의 교육적 가치는 학습의 효과만큼
이나 크다. 협동학습은 학습자의 인지 영역 발달뿐만 아니라 정의적 영역 발달에
도 큰 영향을 미친다. 협동학습은 단순한 학습내용의 전달과 습득을 넘어 유대감
강화 및 인간관계 형성 등 긍정적인 학습태도 형성에 기여한다. 협동학습 경험은
단순히 교과 학습의 효과 외에도, 잠재적 교육과정에서 중요한 요소인 정의적 영
역 발달이나 대인관계 형성 등에 큰 영향을 미친다.

위에서 살펴본 협동학습의 사례들을 정리하면 다음과 같다.

모둠 편성에 대해 학생들에게 지나친 자율성을 부여하거나 교사가 방임적 태도를 보이면, 학생들은 외적 요인을 기준으로 모둠 편성을 실행하게 된다. 모둠 편성의 외적 요인으로는 사례에 나타난 바와 같이 성적이나 수행평가에 대한 관심의 정도가 많았다. 교사의 개입이 없는 사례에서 인기투표의 방식으로 모둠장을 선정하였는데, 결국 성적이 좋은 학생이 모둠장이 되어 버리는 결과가 나타났다.

모둠 편성에 학생들의 의견을 존중한다 하더라도 교사의 적절한 개입과 사전 수업설계가 반드시 필요하다. 학생들에게 모둠의 구성 권한을 줄 때는 학생들의 의견을 최대한 반영해 주되 부정적 결과를 초래할 수 있는 경우를 고려하여 원칙을 정하여야 한다. 모두가 만족하는 모둠 편성을 하기는 어렵지만, 합리적이고 학습에 긍정적 결과를 가져올 수 있는 모둠 편성의 원칙을 정하는 데 교사의 개입이 필요하다.

모둠활동에서 **무임승차** 현상은 협동학습에서 항상 지적되는 부정적인 결과이다. 모둠의 점수가 개인의 점수가 될 때, 모둠 내에서 열심히 활동하거나 성적이 좋은 학생이 모둠활동을 도맡아 하고 나머지 학생들은 방관자가 되는 현상이 흔히 나타난다.

혼자서 열심히 모둠활동을 하였음에도 불구하고 낮은 평점을 받은 학생은 협동학습에 대한 불신과 불만을 갖게 되고, 협동학습에 대한 부정적 인식과 태도를 갖게 된다. 무임승차 현상은 협동학습에서 극복되어야 할 중요한 과제이다. 또한 사례는 무임승차와는 달리, 모둠의 점수를 개인의 점수로 삼을 때 나타나는 부정적 결과를 보여 준다. 나 때문에 모둠이 낮은 점수를 받지 않을까 걱정하고 서로에게 역할을 미루는 등의 모습이 드러나 있다.

협동학습에서 무임승차 현상 등을 극복하기 위한 해결방안은 다음과 같다. 모둠별로 평가를 하되, 개인별 점수를 더하여 개인의 참여를 유도할 수 있다. 예를 들어 모둠 발표를 60% 반영하고, 개인 발표를 40%로 반영하는 등 모둠 점수와 개인 점수가 함께 반영되게 하는 것이다. 또 다른 해결 방법으로 평가기준을 모두에게 동일하게 설정하지 않고, 모둠원들의 각기 다른 수준을 고려하여 평가기준을 정하는 것이다. 여기에 더하여 수준에서 향상한 정도를 반영한다면 모둠원들이 미리 포기하지 않고, 적극적으로 참여할 수 있을 것이다. 그 외에도 학습에 대한 흥미를 높이고 모둠원 모두 적극적으로 참여시키는 다양한 방법이 있다.

일률적인 방식의 모둠별 과제는 과제에 대한 학생들의 역할을 고정시켜 모모둠원 모두가 흥미를 잃고 과제에 적극적으로 참여를 하지 않게 되는 결과를 초래한다. 학생들은 적성과 흥미가 모두 다르고, 강점이 제각각이므로 각자의 강점을 발휘할 수 있는 다양한 과제 수행이 필요하다. 모둠과제에서 매번 같은 역할을 수행한다면 모두가 흥미를 잃게 될 것이다. 예를 들어, 매시간마다 동일한 모둠 구성원들이 영어지문을 해석하여 발표지에 옮겨 적고 발표하는 활동을 한다면, 영어 실력이 뛰어난 학생은 매번 해석만 하게 될 것이고 글씨를 잘 쓰는 학생은 옮겨 적는 활동만 하게 될 것이다. 특기가 없는 학생은 할 것이 아무것도 없을 수도 있다. 다양한 역할 수행을 유도하는 과제 설계가 필요하다.

나. 교육평가

사례 8 **수업 후 무작위 질문으로 인해 수업에 대한 부담감을 느끼고 수업내용보다는 수업 후 평가에 더 신경을 씀**

고등학교 때 선생님은 매 수업 정리 활동으로 **한 명을 무작위로 뽑아서 그날 배운 핵심내용에 대해 질문**을 하였다. 이 방법은 학생들을 수업에 집중하게 하고 어느 정도의 긴장감을 줄 수 있다는 장점이 있었다. 하지만 나는 오히려 '질문에 대해 몰라서 답을 못 하면 어쩌지?', '답변을 못 하면 창피할 텐데'라는 생각이 들면서 수업에 **부담감이 생기게 되었고, 이것은 해당 과목을 싫어하게 되는 마음으로 변해** 갔다. 나뿐만 아니라 다른 학생들도 수업을 열심히 듣긴 했지만 수업을 듣는 목적이 평가에만 집중되고, 이로 인한 부담감이 점점 증가하였다. 새로운 것들을 배우고 그 과정에서 즐거움을 느끼는 것이 목적이 아닌, 오로지 질문에 대한 답을 하기 위해 수업을 듣는 것이 목적이 되어 버렸다.

사례 9 **문제해결 속도가 평가기준인 과제에서 일부 학생들만 계속 좋은 점수를 받았고 나머지 학생들의 학습의욕은 저하됨**

중학교 때 평가 사례이다. 매시간마다 수업을 시작하기 전 선생님은 문장 곳곳에 빈칸이 주어진 학습지를 나누어 주었고, 학생들은 교과서를 보면서 빈칸을 채우고 평가를 받았다. 선생님은 **빈칸을 빨리 채우는 학생에게 보상으로 도장을 찍어 주었다.** 가장 빨리 채운 3명은 도장 4개, 다음으로 빨리 채운 5명은 도장 3개, 그다음 빨리 채운 7명은 도장 2개, 나머지 학생들은 도장 1개를 받았다. 학기 말에 선생님은 도장 개수를 모두 합산하여 **상대평가**로 점수를 매겼다.

선생님은 학습효과를 높이기 위해 이 방법을 실시하였다. 학생들도 처음에는 열심히 교과서를 공부하면서 빈칸을 빨리 채우는 데 열중하였다. 그러나 **빈칸을 빨리 채우는 학생들은 항상 잘하였고, 느리고 둔한 학생들은 언제나 잘하는 학생들에게 순위가 밀렸다.** 결국 매시간 거듭할수록 특정 학생들만 도장을 많이 받았다. **빨리 과제를 해결하는 학생과 나머지 학생들 간의 도장 개수 차가 커질수록 나머지 학생들은 의욕을 잃고 도장 1개에 만족해 버렸고,** 몇 명은 빈칸을 채우지도 않았다. 또 일부는 학습지만 채우고 수업을 듣지 않았다. **결과적으로 이 방법은 소수의 학생만을 위한 평가가 되어 버렸다.**

사례 10 해당 학년의 수준을 넘어서는 어려운 수능형의 시험문제로 인해서 영어에 대한 흥미를 잃게 됨

고등학교 1학년 때 영어 선생님은 당장 수능 공부를 시작해야 한다고 하였다. 하지만 우리들은 선생님의 말을 귀담아듣지 않았고, 학교 시험에만 집중하는 공부를 하였다. 선생님은 그런 학생들의 모습을 보고는 안 되겠다고 생각하셨는지 **내신시험을 수능형으로 바꾸었다.** 영어지문을 바꾸었고, 문법도 수업시간에 배운 범위를 벗어났다. 심지어 고등학생 수준 이상의 단어들도 하나씩 꼭 출제되었다.

그 결과 성적 상위권 학생 중에서도 만점자가 없었다. 학생들이 선생님에게 항의하자 이렇게 해야 수능과 내신을 한 번에 공부할 수 있다고 하였고, 문법은 중학교 교육과정에서 기본적으로 배우는 범위에서 냈다고 하였다. 하지만 **영어시험은 학생들에게 어려웠고,** 지금 당장 중학교 영어 문법을 다시 공부할 시간도 없었다. 특히 나에게 영어는 굉장히 어려웠고, 열심히 공부를 해도 성적이 잘 오르지 않았다. **노력만큼 영어시험 성적이 나오지 않자 영어에 대한 흥미가 떨어졌고, 공부를 해도 안 될 것이라는 생각에 자포자기하였다.**

사례 11 자격증 취득 여부를 평가기준으로 하는 수행평가에서 자격증을 취득하지 못한 학생들은 자괴감과 상대적 박탈감을 느낌

특성화 고등학교 재학 시 회계 관련 교과목을 수강하였다. 해당 과목은 중간고사와 기말고사를 대신하여 회계 관련 **자격증 취득평가 70%와 수행평가 30%를 반영해 평가가 이루어졌다.** 자격증을 취득하면 70점을 받지만 취득하지 못하면 0점을 받기 때문에 자격증 취득이 매우 중요하였다. 선생님은 **회계 관련 자격증을 이미 취득한 학생은 수업을 굳이 들을 필요가 없다고 하면서 수업시간에 수업을 듣는 것을 대신하여 각자 자기 공부를 하거나 수행평가 준비하는 것을 허락하였다.**

당시 자격증이 없던 나는 수업을 들으며 자격증을 준비하였다. 나는 수업 시작부터 자격증이 있는 급우들과 비교가 되면서 다른 학생들보다 **뒤처진 느낌이 들어 부끄러웠고 학습의욕이 낮아졌다.** 하지만 자격증을 취득해야 평가에서 좋은 점수를 받을 수

있었기 때문에 계속해서 자격증 준비를 하였다. 마침내 자격증 시험을 보았고, 나는 충격을 받았다. 자격증 시험이 어렵게 출제가 되어서 대부분의 학생들이 불합격하게 되었다. 특히 **나는 1점 차이로 불합격하였고 그래서 자격증 취득평가에서 0점을 받게 되었다. 아무리 수행평가를 준비해 봤자 최대 30점밖에 못 받는다는 사실에 공부하고자 하는 의욕이 떨어지고** 자격증을 취득한 학생들과 비교되면서 **자괴감이 들었다.** 그래서 나머지 수행평가도 제대로 준비하지 못하여서 최하의 점수를 받게 되었다.

선생님은 학생들이 회계 관련 자격증 취득을 위해 열심히 공부하도록 의도한 것이지만, 나는 자격증을 취득한 학생들과 **비교 대상이 되면서 상대적 박탈감을 느꼈다.**

이 평가방법의 부정적인 측면은 2가지이다. 첫째, **자격증 취득 여부로 학생을 평가한다는 점이다.** 학교가 마치 자격증 학원 같은 느낌이 들었다. 학생이 학습한 과정과 실제 능력을 간과한 채 자격증 유무에 따라 학생을 평가하는 것은 문제이다. 둘째, **교사가 모든 학생에게 공정하고 공평한 기회를 제공하지 않았다.** 교사는 학생들에게 **동등하고 공정한 기회**를 주어야 한다. 그런 면에서 자격증을 취득한 학생은 수업에 참여하지 않아도 되고, 자격증을 취득하지 못한 학생만 수업을 받게 하는 것은 **상대적 박탈감을 느끼게 해서 학습의욕을 떨어뜨리게** 하는 잘못된 처사이다.

사례 12 체육 수행평가에서 실력은 부족하지만 열심히 하는 태도가 우수한 학생의 수행평가 점수가 높게 나온 것을 보고 교훈을 얻음

중학교 체육시간 배드민턴 수업의 수행평가 사례이다. **내 친구는 키가 작은 편이고 움직임도 둔했다. 그래서 배드민턴 연습을 할 때 하위 능력 그룹에 속했다.** 실력이 부족했기 때문에 모두들 그 아이가 낮은 점수를 받을 것이라고 예상했다. 그 친구와 나는 실력이 비슷하고 친했기에 항상 같이 연습을 하였다. **운동은 못 하지만 몸을 움직이는 걸 좋아했던 친구는 다른 학생들이 배드민턴 라켓을 가지고 장난을 치거나 잡담을 할 때도 항상 열심히 연습을 하였다.** 실력이 있고 잘나가는 학생들이 네트를 차지하고 있을 때도 구석에서 연습하고 내가 쉴 때도 계속하자고 하거나 다른 팀에 끼어서라도 연습을 했다. 그렇게 해서 배드민턴 실력이 나아지긴 했지만, 여전히 그의 실력은 하위권이었고, 연습 게임에서도 대부분 패하였다.

수행평가 점수에서 C를 받을 거란 모두의 예상을 깨고 선생님은 그에게 A를 주었다. 그 아이보다 실력이 좋고 승률이 높은 다른 아이는 C를 받았다. 선생님은 그 아이가 배드민턴 스킬이 부족하기는 하지만 몸을 사리지 않고 최선을 다하는 모습이 눈에 띄었기 때문이라고 하였다. **이 일로 나는 보이는 것이 다가 아니고 노력은 배신하지 않는다는 교훈을 배웠다.** 타고난 재능이란 것이 있기 때문에 잘하는 사람을 뛰어넘을 수 없을지도 모르지만, **현재에 머물러 있지 않고 꾸준히 노력했을 경우 성공적인 삶을 살 수 있다는 것을 알게 되었다.**

사례 13 성적에 예민한 학생이 등급과 평가에 대해 두려움과 부담을 크게 느낌

고등학교 때 겪은 평가 사례이다. **나는 고등학교를 다니면서 등수, 등급에 매우 예민했다.** 나는 기대한 만큼 성적이 나오지 않으면 마치 인생에 무슨 큰 문제라도 있는 사람처럼 낙담하고 나 스스로를 자책했다. 나는 1학년 1학기 수학과목에서 2등급을 받았다. 나는 수학만큼은 늘 자신 있었고 흥미가 있었기 때문에, 2학기 때는 꼭 수학 1등급을 받아야겠다고 다짐하며 다른 과목보다 수학공부에 많은 시간을 투자했다. 2학기 중간고사 성적은 1등급이었으나, 1등급 중 하위권이었다. 이후 더 열심히 하지 않으면 1등급을 받지 못하겠다는 생각에 수학공부 시간을 늘리고, 어떤 형태의 평가든지 최선을 다하여 준비했다.

그러던 중 2학기 기말고사 전 수학 수행평가로 쪽지 시험을 봤다. 문제가 잘 풀리다가 중간에 막히는 부분이 생기자, **나는 1등급을 받지 못할 것 같다는 생각에 문제를 풀다 눈물을 흘렸다. 그러자 머릿속은 여러 가지 생각으로 뒤엉켰고, 문제를 더 풀지 못한 채 답안지를 제출해야만 했다.** 이런 나의 모습을 보신 수학 선생님은 시험에 부담 갖지 말라는 말씀을 해 주셨지만 당시 나에게는 그 말이 가슴에 와닿지 않았다. **그때의 나는 성적표에 표기되는 등급 때문에 평가에 대해 굉장히 두려워하고 부담을 느꼈다.** 평가라는 것이 의도치 않게 나에게 부정적인 영향을 주었던 것이다.

〈해설 및 이론〉

위의 사례들은 평가기준이나 평가방법이 부적절한 경우들로 학생들에게 평가에 대한 부담감이나 거부감을 유발한 경우들이 대부분이다. 평가기준이 시간이나 과제의 분량 같은 단조롭고 내용 외적인 기준으로 정해지면, 학생들은 학습내용에 대한 깊은 이해보다는 시간이나 분량 등의 내용 외적 기준에 맞추어 학습하게 된다. 이는 학습에 대한 흥미를 떨어뜨리고 장기적으로 수업에 대한 부정적 정서를 갖게 된다. 평가방법도 암기, 무작위 질문, 즉각적인 쪽지 시험 등 단조롭거나 부담을 주는 방식의 경우 학생들에게 거부감을 주게 된다.

평가기준으로 교과내용이 아닌 과제 해결속도 등의 내용 외적 요인에 지나치게 많은 비중을 두게 되면, 학습자로 하여금 평가에 대한 부담감과 거부감을 갖게 하고 이것은 학습자에게 외재적 인지부하를 유발하여 학습효과를 저해하게 된다. 학생 수준을 고려하지 않은 지나치게 어려운 평가 또한 학생들의 학습 흥미를 떨어뜨리고 평가를 포기하게 만든다. 특히, 자격증 취득 여부를 수행평가 점수로 대체하는 경우 수업과 평가가 괴리되기 때문에 신중히 적용할 필요가 있다.

평가의 기능은 학생의 학업성취를 평가하는 의미로 통용된다. 그러나 평가는 학생 평가를 비롯한 다양한 기능을 갖는다. 평가의 기능은 크게 네 가지로 정리할 수 있다. 첫째, 평가는 학생의 학업성취도를 가늠할 수 있도록 한다. 둘째, 평가는 학습자 또는 학급이 직면하고 있는 학습 문제점을 진단할 수 있는 작업이다. 셋째, 평가는 교육과정, 수업자료, 수업절차, 학급조직 등의 교육적 효과성을 판단할 수 있도록 한다. 넷째, 평가는 교육의 제문제를 이해하고 교육정책 등을 수립하는 데 도움을 줄 수 있도록 학생 또는 성인 집단의 교육적 진보 정도를 측정하는 역할도 한다.[3]

평가는 사회 분위기에 따라서 긍정적 기능이 강조되기도 하고, 부정적 기능으로 비판받기도 한다. 평가의 순기능과 역기능은 다음과 같다.

* 평가의 순기능과 역기능[4]

• 평가의 순기능
① 진단적 기능 ② 형성적 기능 ③ 총괄적 기능
④ 동기유발의 기능 ⑤ 질적 관리의 기능

• 평가의 역기능
①평가를 통하여 개인차를 변별하고 우열을 가려냄으로써 사람들 간 차별의 빌미를 제공한다.
②평가받는 사람들에게 과도한 경쟁을 유발시켜 긴장과 불안, 스트레스를 준다.
③평가는 부당한 간섭과 통제로 작용할 수 있다.
④평가의 전략적 기능을 지나치게 강화하다 보면 본말이 전도될 수 있다.
⑤특히 고부담으로 작용하는 시험(대입, 고시 등)이나 평가의 역기능이 심하다.

위에서 살펴본 사례들의 대부분은 평가와 관련한 심리적 불안 등의 부정적 경험에 해당한다. 이는 잠재적 교육과정의 한 원인으로 작용한다. 관련 연구결과[5]를 몇 가지 소개하면 다음과 같다.

① 필기시험 사전 예고 시 학생 심리적 반응결과 항목에서 두드러지게 많은 반응은 '신경질과 짜증이 앞선다'와 '불안, 걱정, 초조하고 가슴이 두근거린다'이다.
② 시험을 자주 치르는 교사에 대한 반응 항목에서 가장 많은 것을 차지하는 것은 '미워한다'이다.

③ 시험 성적 때문에 친구와 다툰 가장 많은 이유는 '점수가 자신보다 좋아서'이다.

④ 성적이 떨어졌을 경우의 아동의 태도 항목에서 가장 많은 빈도를 나타낸 것은 '부모에 대한 죄책감이나 심리적 불안감'이었다.

여러 연구에는 대부분 평가에 대한 부정적 경험이 보고되었다. 위에서 제시한 평가에 대한 사례들을 살펴봐도 학생들은 평가에 긍정적 경험보다는 부정적 경험을 많이 하고 있다. 다만, 성장중심 평가를 통해 학생이 평가의 긍정적 측면을 경험하고 있다는 것은 희망적이다.

다. 토론 및 토의 수업

사례 14 **토론시간에 교사의 중재나 지도가 없다 보니 논리적인 토론은 사라지고 대신 인신공격이 난무하게 됨**

고등학교 때 경험한 사건이다. 선생님은 우리가 논리적으로 자신의 주장을 펼치고 상대방의 의견을 경청하며 보다 넓은 관점으로 문제를 대하길 바라는 의도로 수업시간에 우리에게 자유 토론을 많이 시켰다. 어느 날은 "동물 실험에 찬성하는가?"라는 주제를 가지고 모둠별 토론을 하였다. 마침 우리 모둠에 목소리가 크고 자기주장이 강한 학생들이 몇 명 있었는데, 찬반 입론과 반론이 끝나고 자유 토론시간이 되었을 때 마치 **전쟁을 하는 것 같았다.** 서로가 근거를 가지고 논리적으로 반론을 해야 하는데 토론이 진행될수록 **논리는 사라지고 분위기 험악한 말들만 오갔다.** 급기야는 "넌 동물이 불쌍하지도 않냐? 인성 쓰레기네"와 같은 **인신공격**을 하였다.

선생님의 지도나 중재가 없다 보니 좋은 의도로 시작한 토론수업이 오히려 서로의 기분만 상하게 하였다. 토론시간에 선생님이 교실을 돌아다니며 학생들이 제대로 토론을 수행하고 있는지 살펴보고 적절한 지도와 중재를 하는 것이 중요하다고 생각했다.

고등학교 문학시간에 디베이트 토론수업을 하였다. 선생님은 미리 카프카의 '변신'이라는 책을 읽어 보고 조별로 토론할 만한 주제를 생각해 보라고 하였다. 다음 수업시간에 우리들이 생각한 주제와 선생님이 준비한 주제 중 투표를 통해 최종적으로 3개의 토론 주제를 정하고, 다시 1주일 후 두 개의 조가 하나의 주제를 놓고 찬반 토론을 하기로 했다.

우리 조원들은 **토론에서 이기기** 위해 매일 쉬는 시간마다 컴퓨터실로 가서 자료를 찾고, 상대편의 반박에 재반박을 위해 다른 입장에서도 생각해 보며 준비를 했다. 나는 토론의 맨 마지막 차례인 '최종발언'을 맡았는데, 공부하고 정리해야 할 자료가 너무 많아 많이 힘들고 부담스러웠다. 그래도 '토론수업을 하면 말하는 실력, 논리적 사고력이 늘겠지?'라고 생각하며 친구들과 열심히 준비했다.

하지만 준비과정에서 이미 **상대팀 아이들과 관계가 굉장히 많이 틀어져 있었음을** 미처 몰랐다. **토론을 준비하면서, 우리 자료가 새어 나갈까 봐 염려되어 상대편과 말도 잘 안 하게 되고, 은연중에 상대편 아이들을 욕하고 있었다.** 그것은 우리만이 아니라 상대편과 다른 조들도 마찬가지였다.

토론 당일, 열심히 준비한 만큼 토론은 잘 마쳤지만, 서로에게 쌓인 미안함 때문에 토론을 마치고 나서는 모두 껴안고 결국 울면서 미안하다고, 수고했다고 말하며 서로 화해했다. 선생님께서는 우리의 토론 실력을 길러 주고 싶은 마음에 사전 준비를 철저히 하는 토론을 의도하였지만, **토론에서 이기는 것만을 생각하다 보니 우리도 모르게 상대팀을 헐뜯고 시기하고 있었다.**

수업을 마친 후 싸우고 헐뜯는 토론이 아닌, 각자의 의견을 자유롭게 공유하는 분위기의 토론이 더 좋겠다고 생각했다. 그래서 **'조별 대항전보다 한 주제에 대해 모든 학생들이 의견을 말하면서 공유하는 식으로 토론이 진행되면 좋겠다'**라고 생각했다.

〈해설 및 이론〉

토론은 학생들의 논리적 사고력, 발표력 등 다양한 역량을 기를 수 있어 매우 유익한 수업방식이다. 또 학생들이 수업을 수동적으로 듣기만 하는 것이 아니라 직접 참여할 기회를 준다는 점에서 자기주도적 학습역량을 기를 수도 있다.

그러나 사례에서 나오는 것처럼 찬반 토론의 경우 지나친 승부욕과 경쟁의식을 유발하여 분위기 과열시키고 토론 과정에서 상대팀에게 감정적 표현을 할 수도 있다. 이것은 향후 학생들 사이의 또 다른 갈등과 반목을 야기할 수 있다. 따라서 교사는 토론수업 진행 과정에서 개입하여 적절하게 지도와 중재를 해야 한다.

토론 과정에서 학생들이 감정적이거나 비이성적으로 행동한다면 개입해 상황을 차분히 정리시켜야 한다. 토론이 끝난 후에는 서로의 입장 차이가 서로에 대한 갈등이나 부정적 편견으로 확대되지 않도록 지도해야 한다.

사례 16 **토론수업에서 토론에 참여하지 않는 참관자가 소외감을 느낌**

고등학교 때 5:5 토론수업을 하였다. 나는 토론 참여 희망자에 신청하여 참여하였다. 토론 주제는 참가자들이 정하였는데, 우리는 '슬럼투어를 찬성하는가?'를 주제로 정하였다. 이후 같은 팀끼리 모여서 자료를 모으고 의견을 나누면서 토론을 준비했고, 다음 시간에 토론을 하게 됐다.

그런데 막상 토론 상황에서 회의감을 느꼈다. 토론을 참관만 하는 동료들을 보다 문득 '이 수업이 토론을 하는 우리에게는 좋은 경험이 될지 몰라도, 단순히 참관만 하는 동료들에게도 도움이 될까?'라는 생각이 들었다. 참관도 나름대로 배우는 것이 많겠지만 '과연 이것이 최선의 방법일까?'라는 생각이 들었다. '오히려 이런 진행이 토론자들에게만 좋은 경험이 되고 비참여자들에게는 소외감을 주지는 않을까?' 하는 생각이 들었다. 실제로 지루해하면서 참관하는 아이들도 있었고, 무표정하게 앞만 바라보는 아이도 있었다. 그래서 다음에 또 토론을 한다면 중간에 휴식시간을 가지면서 참관하는 동료들도 자신의 의견을 표현할 기회를 갖고, 토론이 끝나고 한 사람씩 피드백을 제시하는 방법으로 반 전체가 참여할 수 있도록 했으면 좋겠다는 생각을 하였다.

사례 17 찬반양론 토론수업에서 부족한 우리를 편들어 준 교사의 배려에 큰 감사함을 느낌

고등학교 때 선생님의 제안으로 '역사 드라마나 영화가 학생들의 역사 지식을 신장시키는가?'라는 주제로 공개 토론수업을 하였다. 우리 조는 역사 드라마나 영화가 학생들에게 긍정적인 영향을 준다는 입장을 지지하는 쪽으로 토론을 준비하고 수업에 임하였다.

그러나 **공개수업에 너무 많은 외부 참관인들이 와서 그런지 모두 긴장하여 준비한 것을 충분히 보여 주지 못하였다.** 결국 토론이 흐지부지한 채 끝나게 되었고, 참관 선생님들의 거수로 토론의 승과 패를 결정하였다.

우리 팀이 준비한 것을 잘 보여 주지 못한 탓인지 대부분의 선생님들은 우리가 잘했다는 편에 손을 들지 않았다. 그렇게 **우리가 서로를 바라보며 망연자실해 있을 때 정말 고맙게도 어느 선생님 한 분이 우리를 지지하는 손을 드셨다.** 감사한 마음으로 그분을 보며 '나도 나중에 교사가 되면 부족한 학생들의 든든한 아군이 되어 줘야겠다'라는 생각을 했다. 또한 교사는 평소에 학생의 태도나 생활을 관심 있게 지켜보고, 학생이 지금 원하고 필요로 하는 바가 무엇인지 파악하여 지원해야 한다는 생각을 하였다.

〈해설 및 이론〉

위 사례에서 아이가 진정 원하는 것은 토론에서 승리하는 것이 아니며, 선생님들이 너희 팀이 승리하였다고 손들어 주는 것도 아닐 것이다. 아이가 진정 원하는 것은 교사가 자신들이 기울인 노력을 알아주는 '**격려**'일 것이다. 따라서 교사는 비록 토론에서 패한 아이에게도 격려하는 것이 필요하다. "너희 팀이 비록 전체적으로는 상대 팀보다 부족하였지만, 그래도 ~~한 것들은 잘했다"라고 격려하것이 필요하다.

한편 찬반양론 토론수업일지라도 all or nothing 식의 승패를 가르는 **평가는 여러모로 문제가 많다.** 승자, 패자를 정하는 이분법적 결정보다 "너희 팀은 ~~한 것들을 잘했지만 ~~한 것은 부족하였으므로 다음에는 ~~한 것을 보완하면 좋겠다"라는 평가가 더 교육적이고 아이의 성장에 효과적이다.

사례 18 **교과내용에 없는 최신 사회이슈를 주제로 활용한 토론수업으로 학생들의 큰 지지를 받음**

고등학교 때 우리들은 유독 경제과목을 많이 힘들어하고 어려워했다. 그래서 자연스럽게 수업에 소홀하였다. 수업을 소홀히 하는 아이들이 많아지고 그 정도가 심화되자 선생님은 우리들의 수업 참여도를 높이기 위해 과감하게 **경제과목의 진도범위를 축소시키고 대신 교육과정을 새롭게 재구성하였다**(교육과정 재구성). 선생님은 **노동과 복지, 보수와 진보, 성 소수자 문제, 군 인권 문제 등 교과서에는 나오지 않는, 여러 최신 이슈들을 주제로 삼아 수업을 진행하였다.**

처음에는 우리의 반응이 좋지 않았다. 가뜩이나 다들 힘들어했던 경제시간이었고, "시험에도 안 나오는데 왜 저런 것을 배워야 하지?"라고 불만을 표하는 학생들도 많았다. 선생님이 준비한 영상자료는 교과내용과는 무관했다. 하지만 **곧 20대가 될 우리들에게 필요하고 곧 다가올 현실에 대한 내용들을 다루는 수업이 이뤄지면서 우리들은 점점 수업에 관심을 보이기 시작했고, 얼마 후 선생님의 새로운 수업은 학생들로부터 큰 지지를 받았다.**

학생들의 수업 집중도는 나날이 높아졌고, 최신 이슈에 대한 자신의 견해와 입장을 발표하는 활동을 가지면서 수업은 자연스럽게 토론의 장이 되었다. 그렇게 수업시간에 학생들이 적극적으로 참여하였고 나중에는 학교 전체 토론회까지 열렸다.

이 수업이 학생들의 큰 지지를 받을 수 있었던 이유는 **수업내용이 학생들의 삶과 연관되었기 때문이다.** 선생님이 준비한 최신 사회이슈와 관련된 내용을 학습하면서 우리는 앞으로 **어떤 시선으로 사회를 바라보아야 하는지**에 대해 깨달았다. 다른 학생들의 여러 견해를 들으면서 생각의 범위를 넓혀 나갈 수 있는 참 의미 있던 사회수업이었다.

사례 19 **토론수업을 계기로 평소 조용하던 아이가 자신감을 얻고 학교생활에 적극적으로 참여하는 모습으로 변함**

고등학교 때 반에 책만 읽고 너무 조용한 성격이어서 남들과 잘 어울리지 못하는 아이가 있었다. 어느 날 토론수업을 하였는데, 늘 조용하게 가만있던 그 아이가 상당히 논리적으로 의견을 펼치는 것을 보고 나와 동료들이 모두 깜짝 놀랐다. 그리고 그 아이의 발표에 **큰 박수를 쳐줬다.** 자신의 의견이 학급 동료들에게 인정받는 것을 보고 **자신감을** 얻은 아이는 그 후 토론시간뿐만 아니라 평소 학교생활에서도 적극적인 모습을 보였다. **그 친구의 적극적으로 변화된 모습을 보면서 '토론수업이 참 좋은 거구나'** 하는 생각을 하였다.

고등학교 때 **한 학기 내내 토론을 한 적이 있다.** 학급을 몇 개의 조로 나눠 격주로 다양한 분야의 책을 골라 읽은 후, 책 내용에 관련된 **주제 토론**을 하였다. 토론에 참여하기 위해 우리는 평소에 책을 많이 읽었고, 토론 마지막에 양쪽의 입장에 대해 '누구의 의견을 더 지지하는가?'라는 **투표**도 하였다. 모두가 **이기기 위해 경쟁심을 갖고 더 열심히 토론에 참여하였다.**

처음에는 토론활동에 소극적으로 참여하였던 학생들이 토론활동에 익숙해지면서 책을 자신의 시선에서 보려고 노력하였고, 주제에 대해 자신의 의견을 정리하고 논리적으로 주장하는 능력을 길렀다. **그렇게 토론을 통해 자신의 의견을 주장하고 상대방의 의견에 반박을 하며 생각을 말로 논리적으로 표현하는 방법을 향상시켰다.** 토론수업에 참여하면서 앉아서 듣기만 하는 수동적인 교육이 아닌, 직접 참여하고 활동하는 교육이 더 효과적임을 알게 되었다.

〈해설 및 이론〉

교사에 의한 일방적 강의보다 학생이 적극적으로 참여하는 수업이 더 효과적이라는 것은 논란의 여지가 없다. 그래서 수업활동의 중심을 교사가 아닌 학생으로 옮기기 위한 다양한 수업방법이 연구되고 있고, 그중에서도 토론수업[e]은 교육의 역사만큼이나 오랫동안 학습자의 참여를 유도하는 방법으로 활용되어 왔다.

토론수업은 수업내용에 대한 학습자의 현재 이해수준을 알 수 있게 해 줄 뿐만 아니라, 학습자의 수업태도를 적극적으로 이끌어 수업에 대한 집중을 높이다. 또한 학습자 입장에서도 토론을 하면서 자신의 생각을 논리적으로 구성하고, 남들에게 설득력 있게 표현하는 능력을 기를 수 있게 해 주는 등 논리적 사고력, 표현

....

e 토론(debate)과 비슷한 것으로 토의(discussion)가 있다. 둘 이상의 참가자가 문제해결방법을 찾는다는 점에서는 서로 비슷하지만, 토의는 가능한 한 참가자 모두의 의견을 검토해 공동의 결론을 찾는 반면, 토론은 대립된 주장으로 서로 간에 상호경쟁적으로 자기주장의 논거와 증거를 제시하고 상대방 주장의 모순을 밝힌다는 점에서 차이가 있다.

력, 자기주도적 학습태도 등 많은 부분에서 긍정적 효과를 가져온다.

흔히 토론수업에 대해 갖는 오해 중의 하나가 '토론수업은 준비하기가 쉽다'라는 착각이다. 괜찮은 논제 하나만 있으면 학생들의 적극적인 토론을 쉽게 유도할 수 있으리라 생각하는 경우가 많다. 그러나 학생들의 적극적인 참여와 교육적으로 의미 있는 토론수업을 위해서는 사전에 많은 준비가 필요하다.

앞의 사례에서 알 수 있듯이 교사가 단순히 학생에게 찬반을 묻는 경우나 학생들이 관심 없어 하는 주제를 선정하는 경우 활발한 토론수업이 이뤄지기 힘들다. 또 사전에 토론 규칙을 제대로 주지시키지 않고 진행하는 경우 토론이 일부 학생 중심으로 중구난방 이루어져 산만한 시간이 될 수 있다. 따라서 사전 주제 선정에서부터 토론 과정 및 토론 이후까지 단계에 맞춰 체계적으로 진행할 필요가 있다. 교사는 학생들의 관심을 끌면서도 **교과내용에 기반한** 논제를 찾고, 학생들이 찬반 의견을 순서대로 논리적으로 제시할 수 있도록 규칙을 세우고, 토론 결과에 대해서 평가와 피드백을 해 주어야 한다. 잘 짜여진 각본처럼 토론수업을 운영할 때 효과를 거둘 수 있을 것이다.

〈디베이트〉

최근 디베이트 토론수업이 많이 운영되고 있다. 디베이트는 교차 토론으로 주제에 대해 찬/반의 입장으로 편을 갈라 순서별로 토론하는 형식으로 운영된다. 토론자들은 디베이트 토론은 주제를 정한 후 준비 기간이 최소 1주 이상 소요된다. 그래서 수업시간에 활성화하기보다는 교내 행사로 진행하는 경우가 많다.

진행과정은 먼저 논제를 정하고 찬/반 모둠과 판정단 등을 구성한다. 그리고 모둠별로 조장을 뽑고 조장을 중심으로 입론자, 반론자, 최종변론자 등으로 역할 분담을 한다. 이후 사회자의 진행에 따라 입론, 반론, 최종변론을 지그재그식으로 진행하고 마지막에 판정단이 판정하여 승패를 결정한다.

〈디베이트 진행 순서[6]〉

구 분	진행 내용	비 고
토론 준비단계	• 토론 준비 – 논제 선정 및 토론방식 안내, 자리배치 – 사회자, 찬성측, 반대측, 판정인 선정 • 자료 준비 및 의견 정리	논제는 1주일 전에 정하여 충분히 토론 준비를 할 수 있도록 한다.
본시 토론단계	• 입론(찬성측 → 반대측) • 1차 작전타임(중간점검) • 반론(반대측 → 찬성측) • 2차 작전타임(최종점검) • 최종변론(찬성측 → 반대측)	
토론 정리단계	• 정리 – 판정결과 발표	승리팀 발표 및 베스트 디베이터 발표

〈모둠 토론〉

수업시간에는 디베이트 토론보다 오히려 모둠 토론이나 1:1 토론 등이 많이 진행된다. 특히 모둠 토론의 경우 짧은 시간에 토론을 진행하고 전체의 의견을 들어볼 수 있고, 학급 전체가 균형되게 각각의 역할을 수행한다는 점에서 효과가 좋다.

〈4인 모둠 토론 진행 요령〉

• 4명 1모둠을 구성한다.
• 사회자, 기록이, 찬성측, 반대측으로 모둠원의 역할을 부여한다(5명으로 모둠을 구성할 경우 배심원 역할을 부여한다).
• 사회자의 진행에 따라 찬/반 토론을 진행한다.
• 사회자는 찬/반 양측이 서로 균형감 있게 의견을 말할 수 있도록 진행한다.
• 기록이는 토론의 내용을 기록한다.
• 일정 시간(10분 내외) 토론 후 전체 투표로 토론의 승자를 가린다. 모둠의 최종 의견을 정한다.

- 교사의 진행으로 토론 결과를 모두와 공유한다.
- 모둠 내 역할은 서로 바꿔 가며 맡도록 한다.

이 밖에도 수업에서 활용할 수 있는 토론의 형태는 1:1 짝토론, 전체 토론, 개인 토론 등 다양하다. 교사는 수업목표, 토론 주제의 성격, 학생들의 역할분담 및 참여범위, 교실여건 등을 종합적으로 고려하여 효과적인 토론 형태를 정하고 운영하는 것이 필요하다.

라. 수준별 반 편성

사례 21 **상위반의 빠른 문제풀이 수업에 어려움과 실망감을 느끼고 선생님을 두려워하였고, 수학포기자가 됨**

고등학교 수학수업은 성적에 따라 **'상/중/하'**로 나누어 수준별 반 편성으로 운영되었다. 나는 수학에 대한 두려움이 없었고, 자존심이 강해서 처음부터 개념을 차근차근 익히고 천천히 문제들을 풀며 공부하였다. 그래서 학기 초에는 중위반이었지만 중간고사 이후 상위반에 배정되었다.

상위반의 수업방식은 다음과 같았다. 선생님이 수학 교과서의 개념을 수학적으로 증명하여 설명한 뒤, 문제풀이로 넘어갔다.

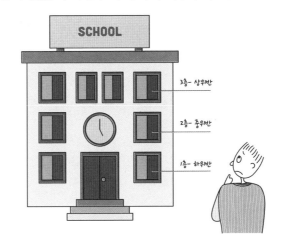

그리고 아주 **빠르게 문제풀이를 진행하였다.** 문제풀이를 진행할 때 학생들은 바로바로 식을 불렀다. 문제풀이를 빠르게 진행한 이유는 시험에서 수학을 풀 때 속도가 중요하듯이 칠판에 적는 선생님의 풀이속도를 학생들이 익혀서 혼자서도 빠르게 풀 수 있도록 하기 위함이었다.

선생님은 개념을 명확히 이해하면 속도와 풀이과정은 당연히 빨라지며, 만약 풀이속도가 느리다면 그것은 개념을 모르기 때문이라고 하였다. 실제로 급우들은 처음에는 힘들어했지만 나중에는 바로바로 빠르게 식을 대답하였고, 속도감 있게 진행하는 수업방식이 좋다고 하였다.

그러나 나는 아니었다. **나는 수업 내내 빨리 대답하지 못하는 나 스스로에게 실망했고,** 남들은 다 대답할 때 대답 못 하는 나를 보면서 **선생님이 의아해하던 모습 때문에 굉장히 힘들었다.** 선생님은 나에게 "~~아, 어렵니?"라고 물어보고는 내가 "네"라고 대답하면 **"네가 더 열심히 해야지"**라고 말씀하고 웃고서는 계속 수업을 진행하였다. 그때부터 **선생님의 눈빛과 수업방식이 두려웠다.**

선생님은 내가 몰라서 물어보는 기초문제보다는, 다른 아이들이 들고 오는 심화문제만 풀었다. 나는 이해가 되지 않고 수업도 따라가지 못해서 거의 모든 수업을 졸거나 잤다. 대신 혼자서 수학을 공부하면서 1년을 지냈다. 그래도 '상위반' 성적은 계속 유지하였다. **선생님은 그런 나를 학교 수업은 안 들으면서 성적만 잘 나오는 문제아 취급하였고 나는 '수학 흥미 포기자'로 살았다.** 그 뒤 나는 '상'반에 배정되어도 '중'반에 지원했다. 선생님은 모든 학생들의 흥미와 풀이속도가 향상될 것이라고 생각하였지만 나에게는 그냥 괴로운 수업이었다.

사례 22 선행학습과 많은 양의 과제 때문에 수학에 대한 흥미가 떨어지고 수학에 대한 트라우마가 생김

고등학교 때 영어, 수학 수업은 수준별 편성으로 운영되었다. 상위반은 서울권 대학에 들어갈 만한 수준의 아이들로 구성되었고 문과 인원 총 60명 중에 10명 내외로 소수인원이었다.

나는 1학년 때 수학 상위반에 속하였다. 상위반 수업 첫날 선생님은 너무도 당연한 듯이 1학년 수업인데도 불구하고 **2학년 교과서로 수업을 하고** 숙제는 1학년 내용으로 내었다. 수업 전반부는 1학년 과정의 **수학 과제를 미리 풀어 와 오답을 확인하고 질의응답을 받고 남은 수업시간 30-40분가량은 2학년 과정을 선행학습하였다. 나는 수업을 따라가는 것이 힘들었다.**

학원을 다니지 않아서 선행학습이 부족했고 **고1 과정을 학교에서 충분히 가르쳐 주지 않았기에 혼자서 공부한 것이 전부였다.** 물론 중간중간 어려운 개념이나 공식은 선생님이 설명을 하였지만 나머지는 **혼자서 공부했던 것이 전부여서 힘들었다.** 당시에 고등학교 학생임에도 이러한 교육과정과 수업운영이 잘못된 것임을 알았지만 **울며 겨자 먹기로 수업을 힘들게 따라갔다.** 아이러니하게도 수업의 효과는 좋았다. 즉, 수학 상위반 아이들의 모의고사 수학성적이 대부분 올랐다.

원래 제일 좋아했던 과목은 수학이었고, 중3, 고1 때 수학을 제일 잘했다. 하지만 **수학에 흥미와 자신감을 잃고 진로를 문과로 정한 계기가 수준별 반 편성이었다.** 무리한 **수업진도와 선행학습, 많은 양의 과제 때문에 수학에 대한 흥미를 잃었다.** 급우 중에 고1임에도 고3 수학을 선행하는 경우도 있었다.

나는 수학 문제를 푸는 기계로 전락한 것 같았다. 또한 1학기 분량의 선행학습을 하지 못하면 불안하였고 그래서 수학=선행학습이라는 사고가 생겼다. 당연히 수학에 대한 이해, 흥미, 자신감, 가치인식은 매우 낮아졌다. 당시에 수업장면을 떠올리면 힘든 경험이 생각이 나서 **지금도 화가 난다.**

사례 23 기본적인 내용보다 심화내용과 문제를 주로 다루는 상위반 수업에 어려움을 겪고 좌절감을 느껴 사교육을 찾음

나는 **비평준화 지역의 비교적 성적이 우수한 인문계 고등학교**를 다녔다. 중학교에서 공부를 잘했던 아이들은 모두 우리 고등학교로 진학을 했다. 그래서 학업 경쟁이 심했다. 중학교 때 배운 내용으로 고등학교 배치고사를 봤는데, 나는 성적이 좋아서 수학 상위반에 배정이 되었다.

수업은 기본적인 내용은 모두 학습했다는 가정하에 주로 심화내용이나 문제를 다루는 것으로 운영되었다. 사교육으로 선행학습이 잘된 급우들은 잘 따라가는 듯 했지

만 나는 사교육을 한 번도 하지 않았고 오로지 혼자서 공부하였기에 선행학습이 부족했고, 수업의 과정이 힘들었다. 그래서 나도 학원에서 수학을 학습하기 시작했다. 하지만 당시 나는 "나 스스로의 힘으론 수학을 제대로 공부할 수 없고, **사교육의 힘을 빌려야만 하는구나**"라는 생각을 하며 **수학에 대한 패배감과 좌절로 자존감이 많이 낮아졌다.**

사례 24 수준별 반 편성에서 상하반의 격차가 커지고 각각 좌절감과 우월감을 느낌

중·고등학교 때 영어, 수학 과목은 수준별 반 편성으로 운영되었다. 입학시험, 중간시험, 기말시험 성적을 기준으로 그때그때마다 수준별 분반을 하였다. 주로 상위반은 심화수업을 했고, 하위반은 기초학습 위주로 수업을 운영하였다.

하지만 시험을 치르고 반을 바꿔도 성적이 높은 학생은 계속 상위반에, 낮은 학생은 계속 하위반인 경우가 많았다. **수업 분위기는 상위반은 열심히 하자는 분위기가 많았고, 하위반은 열심히 하지 않고 포기하는 학생이 많았다.** 결과적으로 상위반과 하위반의 격차는 더 커지고 굳어졌다. 또한 **상위반 학생은 영어와 수학에 대한 우월감을 느꼈고, 하위반 학생은 좌절감을 느꼈다.**

사례 25 수준별 반 편성 결과가 게시판에 공지되어 창피함과 열등감을 느낌

중·고등학교 때 영어, 수학을 **수준별 반 편성**으로 운영하였다. 학교에서는 시험이 끝나면 **성적을 기준으로 상·중·하 반을 구분하여 학급게시판에 공지하였다.** 게시판 결과지를 보면서 B반(중위반)과 C반(하위반)에 배정된 학생들의 표정은 어두워졌다. 나도 같은 경험을 하였다. 게시판 내 이름 옆에 C반으로 표기된 것을 보고 수학을 못 한다는 것이 모두에게 공개되었다는 생각에 **창피하고 부끄러웠고 그래서 의기소침해졌다.**

수업시간에 선생님은 기본적 개념을 물어보았는데 '선생님은 내가 이런 것조차 모른다고 생각하시는 것인가?'라는 생각이 들어 **위축되고 열등감을 느꼈다.** 급우들 대부분은 수학을 포기하는 분위기였으며 과연 내가 열심히 해도 상위반으로 올라갈 수 있을까 하는 의문이 생겼다.

그래서 나는 상위반에 들어가기 위하여 학원을 다녔다. 그 후 내가 열심히 노력했기 때문인지 아니면 학원의 도움 때문인지 모르겠지만, 성적이 향상되어서 상위반에 들어갈 수 있었다. 하지만 수준별 반 편성 수업운영이 과연 학생의 학업성취도를 향상시키는 데 도움이 되는가에 대한 의문이 들었다.

〈해설 및 이론〉

수준별 반 편성과 사교육의 관계에 대한 한 연구[7]에 의하면, 수준별 수업을 하는 학교의 학생들이 그렇지 않은 학생들보다 사교육을 더 많이 하는 것으로 나타났다. 사교육의 목적에 따른 증가를 살펴보면 심화학습, 보충학습 모두 유의미한 증가현상을 보이는데, 특히 보충학습 목적의 사교육 학습이 많이 늘어났다.

수준별 수업을 할 경우 사교육 등이 늘어나는 것은 수준별 수업이 **경쟁을 유발**하고, 공부에 대한 **자극이나 스트레스**를 주기 때문이다. 특히 보충학습 목적의 사교육이 많은 것은 수준별 반 편성으로 성적이 확연하게 비교가 가능하고, 기초반 학생들이 심화반으로 이동하려는 욕구가 생기고 이것이 보충학습 목적의 사교육이 많아지는 원인으로 작용하는 것이다. 수준별 수업은 하위반 학생들에게 **부정적인 자존감**을 형성하고 사교육 등으로 이어지는 것이다.

사례 26 상위반 학생은 중·하위반 학생을 놀리거나 서열을 나누었고, 중·하위반 학생은 상위반으로 갈 수 없다고 생각하고 공부를 포기함

학창시절 학급 내에서 수업 이해의 편차가 큰 것이 문제가 된 적이 있었다. 공부를 잘하는 학생들은 문제를 이해하였지만, 부족한 학생들은 이해를 못 하여 질문을 계속하고 그래서 수업이 지루해져 다들 불만을 가졌다. 그래서 다음 학기부터는 **수준별 반 편성으로** 수업을 운영한다는 선생님의 말씀에 우리 대부분은 찬성하였고, 두 반을 합쳐 영어와 수학 성적순으로 상·중·하 반으로 편성하여 운영하였다. **언뜻 보면 합리적이었다.** 각자의 수준에 맞춰 수업을 하면 더 잘 이해할 수 있을 것으로 생각했고 중·하위반의 학생들은 상위반으로 가고자 의욕을 불태웠다.

그러나 시간이 지나면서 일부 상위반 학생들은 중하위반 학생들을 놀리거나 서열을 나누었고, 몇 번의 시험을 거친 후 중·하위반 학생들은 절대 상위반으로 갈 수 없다고 생각하고 포기하였다. 하위반 학생들은 공부에 완전히 손을 놓고 수업시간에 대부분 잠을 잤다.

사례 27 상위반은 정규직 교사, 하위반은 기간제 교사가 담당하는 것을 보면서 기간제 교사에 대한 좋지 않은 인식과 차별을 느낌

수학을 한 반에서 같이 수업을 하다가 고등학교 2학년 때 수준별 반 편성으로 운영하게 되었다. 그런데 **상위반은 원래 담당하던 선생님이 맡고, 하위반은 기간제 교사가 수업을** 맡았다. 하위반 아이에게서 수업시간 동안 이미 알고 있는 기초 개념에 대해서만 배우고 나머지는 숙제를 내고 수업과 관련이 없는 게임을 한다는 얘기를 들었다. **나는 기간제 교사에 대한 좋지 않은 인식을 갖게 되었고, 성적이 낮은 학생은 수준 높은 교육을 받지 못하고 있으며, 보통의 교사는 공부를 잘하는 아이를 선호한다고** 생각하게 되었다.

사례 28 하위반 학생들은 교사의 부정적인 이야기에 도전의식을 갖기보다 좌절감을 느꼈으며, 희망적 이야기에 일시적으로나마 학업에 열중하는 모습을 보임

수준별 반 편성에서 교사가 **하위반 아이들에게 승부욕이나 공부 욕심을 갖도록 하기 위해서 진학과 관련된 부정적인 이야기**(예: 너희들 이 정도 수준의 성적으로 좋은 대학진

학이 어렵다)를 하면, 아이들은 공부 욕심, 도전의식보다 **좌절감을 느꼈으며** 교사에게 부정적인 감정을 가졌다. 수업의 참여도 역시 낮아졌다. 반대로 진학과 관련된, **기적에 가까운 희망적인 입시결과를 함께 이야기하면** 아이들은 전자와 달리 거부감을 느끼지 않았고 **일시적으로나마 학업에 열중하는 모습**을 보였다.

〈해설 및 이론〉

수준별 수업의 개념[8]

수준별 교육과정이란 학생들의 능력수준을 고려한 후, 그들의 능력수준에 적합한 교육내용과 방법을 제공하여 학생들에게 의미 있는 학습이 일어나도록 편성·운영하는 것이다. 수준별 교육과정은 이질집단보다는 동질집단을 구성하는 것이 보다 효율적이고 효과적일 것이란 가정에 근거하고 있다. 상이한 능력을 지닌 학생들을 혼합하여 가르치는 것보다 동질적인 능력집단을 편성하는 것이 효과적이며 우수학생, 부진학생 모두에게 도움이 된다는 가정을 하고 있다.

수준별 교육과정이란 교육과정 차별화, 다양화의 일종으로 서구에서 수준별 수업은 계열화(tracking, streaming) 또는 능력별 집단편성(ability grouping)으로 지칭된다. 계열 구분은 영재계열, 대학진학계열, 일반계열, 보충계열 등 서로 다른 계열로 구분하고, 학생의 적성, 능력, 관심, 흥미, 진로 등에 따라 특정한 계열을 선택하게 한 후, 계열에 따라 서로 다른 교육과정을 제공하는 것이다. 미국의 경우 80년대 중반 이후 계열화에 대한 비판이 커지면서 많은 학교에서 학생 간 개인차가 심한 교과목에 한해 능력별 반 편성을 하는 추세로 변하였다.

능력별 반 편성은 동일계열 안에서 학생들의 학습능력에 따라 수업을 달리하는 방식이다. 능력별 반 편성은 별도의 동질집단 학급을 편성하는가 또는 같은 학급 내에서 동질적인 그룹을 편성하는가에 따라 학급 간 동질집단 편성과 학급 내 동질집단 편성으로 구분된다.

수준별 수업의 전개

수준별 수업은 도입 초기에는 실시하는 학교의 비율이 높지 않았다. 그러다가 사교육 감소와 공교육 내실화를 위한 정부의 정책적 의지와 행재정적 지원에 힘입어 많은 중고등학교에서 실행되었다. 그러나 근래 혁신학교 중심으로 정책기조가 바뀌면서 수준별 반 편성은 많이 축소되었다.

수준별 수업에 대한 찬반 논쟁

수준별 수업을 7차 교육과정에 도입하는 초기, 상당한 논쟁이 전개되었고 그래서 1990년 후반부터 최근까지 많은 논문이 생산되었다. 수준별 수업을 **찬성하는** 사람들은 B. Bloom의 완전학습이론 등 행동주의 심리학을 이론적 기반으로 하고 있다. 그래서 행동주의 심리학이 활발히 전개된 1960-1970년대, 서구국가의 수업개혁의 중심과제로서 수준별 수업을 통한 **개별화 학습**에 대한 많은 연구와 실험이 이루어졌다. 그들은 수준별 수업을 통해 학생의 인지구조에 긍정적 변화를 초래할 수 있는 수업을 제공할 수 있다고 주장한다.

이질집단으로 반 편성을 하면 학생의 수준차이가 커서 중간집단에게 초점을 맞추어 수업을 진행할 수밖에 없기 때문에 상위, 하위 집단은 의미 있는 수업을 하기 어렵다고 한다. 그래서 수준별 수업을 하면 학업성취 수준이 높은 학생은 물론이고 낮은 학생도 학업성취도를 향상시킬 수 있다고 주장한다. 그래서 **동질집단**을 형성하는 것이 성취 수준이 낮은 학생들에게 더 많은 관심과 배려, 반복연습을 할 수 있기 때문에 하위수준의 학생들에게 도움이 된다고 주장한다.

수준별 수업을 **반대하는 측**은 이것이 공립학교가 입각하고 있는 **민주주의에 반하는 차별교육**이라고 주장한다. 공립학교는 교과 공부만 하는 곳이 아니라 다양한 생각과 개성을 가진 학생들과 함께 **더불어 살아가는 민주주의**를 배우는 곳이다. 한 교실 안에서 서로 다른 능력과 관심에 따라 다양한 수업활동을 전개하는 것과 학습이해도나 능력에 따라 동질집단을 구성하는 것은 전혀 다른 것이다. 그런데 수준별 수업을 도입하려는 측은 이러한 차이에 대한 개념을 구분하지 못하는 것이라고 비판한다.

수준별 수업을 반대하는 사람들은 수준별 반 편성으로 오히려 교사의 수업전개 및 학습지도가 힘들어진다고 한다. 이질집단의 경우, 자세히 가르쳐야 할 학생이 소수에 지나지 않으나 이제는 반 전체가 자세히 가르쳐야 할 학생뿐이어서 오히려 대응하기 힘들다는 것이다. 그래서 하위수준 학생들의 학업성취도 향상에 전혀 도움이 되지 않는다고 주장한다.

수준별 반 편성의 효과

여러 국내외 문헌에서 수준별 수업의 효과가 **긍정적인** 것으로 보고되었고 최근까지도 수준별 수업의 효과성에 관한 연구들이 계속되었으나 물론 아직까지 일관된 결론을 찾기 어렵다. 국내의 경우도 비슷한 실정이다.

한편, 수준별 수업의 효과를 **부정하는** 입장은 동질집단에서 학습이 가장 유효하다는 가설의 근거가 희박하다고 주장한다. 조사에 의하면, 능력별 반 편성은 모든 수준의 학생들의 성취도 향상에 효과가 없으며, 하위수준 학생들을 낮은 수준의 학습에 머물게 하여 성취도 **격차를 확대**시킨다고 주장한다. 성열관은 영어와 수학에서 수준별 수업 여부에 따른 성적차이는 통계적으로 유의하지 않다고 주장하였다. 상위 및 하위 모든 집단에서 수준별 수업에 따른 성적차이는 없었다.

수준별 반 편성을 반대하는 입장은 학습 부진학생을 기초반에 편성하는 것은 학생들의 인지적 성취와 정의적 발달에 부정적이거나 도움이 되지 않으며, 결과적으로 수준별 수업이 상하위 집단 간 학업성취 격차를 더 벌리므로 하위수준의 학생들은 동질집단보다 이질집단에 편성되는 것이 유리하다고 주장한다.

수준별 수업의 효과를 **긍정하는** 연구도 대부분 상위집단에서 효과가 있으며, 하위집단에 미치는 효과는 없거나 부정적으로 보고되었다. 상위수준의 학생들에게조차 수준별 이동수업이 아무런 효과가 **없다는** 주장도 있다. 그러나 수준별 수업이 **중하위**수준의 학생들에게 **효과적임을** 주장하는 연구결과도 있다.

수업별 수업 폐지의 가장 큰 이유는 효과가 실증적으로 검증되지 않았다는 것이다. 서구 국가의 경우, 수준별 수업에 대한 연구가 계속되고 있지만 아직까지 **일관된 결론이 나오지 않았다.** 우리 역시 수준별 수업의 효과에 대하여 아직 일관된 결론을 내리지 못하고 있다. 선행연구에 의하면 수준별 수업의 효과에 대해서 여전히 논란의 여지가 많은 것이다.

수준별 수업에 대한 제언

교육정책은 일관되게 계속적으로 지속되는 것이 좋다. 문제점이 있는 정책일지라도 해당 정책 전반을 일시에 폐기하기보다 문제점이 최소화되도록 보완하면서 지속하는 것이 좋다. 수준별 수업 역시 문제점이 있으면 그것을 보완하고 동시에 장점을 살리면서 제도를 개선하고 지속하는 것이 필요하다. 수준별 수업의 제도개선을 통해 학업성취를 높이고 공교육의 역할을 회복하는 방안을 찾아야 할 것이다.

우선적으로 하위반 학생의 자존감 향상을 위한 노력이 절대적으로 필요하다. 하위반 학생이 좌절하거나 의기소침하지 않고 '할 수 있다'라는 자신감을 심어 주는 노력이 필요하다. 또한 상하반 학생 간의 위화감이 생기지 않도록 학교 · 학급 분위기를 조성하는 것이 필요하다.

마. 멘토-멘티활동 및 짝활동

사례 29 또래교사 활동에서 교사역할을 맡은 학생은 많은 부담감을 느꼈고, 학생역할을 맡은 학생은 갈등, 불안 및 심리적 위축을 경험함

고등학교 때 담임 선생님은 수업시간에 학교 시험과 모의고사의 **성적이 높은 순으로 7명을 뽑아 각각을 6명씩 편성된 조의 또래교사(peer teacher)로 지정**하였다. 그리고는 선생님 대신 peer teacher가 각 조의 중심이 되어 수업을 이끌게 하였다. 처음엔 '왜 이런 수업을 할까?' 궁금했는데, 나중에 생각해 보니 선생님은 아마 peer teacher를 중심으로 같은 조의 조원들이 **서로 아는 것들을 공유하고 모르는 것은 도와주며 학습효과를 더욱 높이려고 한 것 같았다.**

나는 peer teacher를 맡았는데, 처음에는 친구들끼리 공부하니 덜 지루하고 재미있게 공부할 수 있을 거라고 생각했다. **하지만 다른 조들의 이야기를 들어보니 갈등이 있었다.** "왜 성적을 이유로 그 아이의 수업을 들어야 하는지 모르겠다", "시험과 연관이 될 수 있는 수업을 학생에게 맡겨야 한다는 것이 불안하다"라는 학생들도 있었다.

또 학년 말에 peer teacher 역할을 한 학생들은 생활기록부에 기록하였는데 나머지 학생들이 "우리들은 이용의 대상이었나?" 하는 불만도 나왔다.

peer teacher 친구들도 나름의 고민과 불만이 있었다. 그날의 수업 분량을 매번 미리 준비해 오기 힘들고, 자신은 영어에 자신이 없는데 또래교사 역할을 맡게 되어 억지로 한다는 아이도 있었다. 조 내에서 잘 들어주고 따르는 아이들도 있지만, 직접적으로 싫은 기색을 보이는 아이도 있어서 열심히 준비해 왔지만, 오히려 위축되는 경우가 많다고도 했다. 우리 조에서도 학기 초에 서먹한 상태에서 6명이 모두 집중해서 공부하기가 쉽지 않았다. 나도 처음이라 공부한 내용을 전달하는 데 서툴러 6명을 집중시키기 힘들었고, 그렇다고 내 말에 귀를 기울이지 않는다고 지적할 수도 없는 노릇이었다. 어떤 때는 나 스스로 만족스럽지 못한 수업을 했다는 생각에 조원들에게 미안하기까지 했다. 주변을 살펴보니 다른 또래교사들도 나처럼 적지 않은 불만이 있었다. 그 후 학기 말이 되면서 **또래교사 수업활동은 동료관계를 서먹서먹하게 만든 채 흐지부지 끝을 맺게 되었다.**

나중에 또래교사(peer teacher) 수업이 원활하게 진행되기 위해서 보완할 점은 무엇이었는가에 대해서 생각해 봤다. 우선 **적절한 시기를 선택하는 것이 중요하다**고 생각한다. 학기 초는 학생들이 서먹한 상태이기 때문에 어느 정도의 시간이 지나 충분한 친밀감이 형성되었을 때 이런 수업방법을 적용하는 것이 좋겠다. 또 **사전에 학생들에게 이런 새로운 수업방식에 대해 충분히 안내하고 동의를 받아야 한다.** 어떤 학생은 peer teacher에게 수업의 모든 권한을 넘겨준다고 생각할 수 있고, 교사보다 전문성이 떨어지는 학생에게 수업을 듣는 것이 거부감이 들 수도 있다. peer teacher로 선정된 학생도 성적이 조금 높다고 해서 수업을 진행하는 것은 무리가 있다. 성적과 수업 전달능력이 비례하는 것이 아니기 때문에 **peer teacher의 선정기준**을 다시 고려해야 한다. peer teacher 활동을 생활기록부 특기사항에 기록하는 것과 관련해서도 학생들과 **충분한 협의**를 해야 한다.

마지막으로 peer teacher 한 명에게만 수업을 모두 맡기는 것은 수업하는 학생에게 큰 부담이고 수업을 듣는 조원들에게도 유익하지 않을 것이다. 어느 정도 시간을 주어 각 조의 학생들끼리 학습을 진행한 후 **교사가 중요하거나 어려운 부분을 짚어 주**

며 수업을 마무리하는 것이 좋을 것이다. 모든 학생들이 서로 배우면서 부족한 점을 채워 가는 수업환경이 될 수 있도록 더 세부적인 지도가 필요할 것 같다.

사례 30 교사의 의도와 달리 멘토링 수업활동에 대한 학생들의 관심이 적어 결국 흐지부지 끝나게 됨

고등학교 때 수업시간에 멘토-멘티 활동을 하였다. 선생님은 멘토링 활동을 통해 우리들이 수업에 좀 더 적극적으로 참여하고, 멘토와 멘티 사이의 실력 차이를 극복해 학급 전체의 학력이 높아지는 것을 목표로 삼았다. 하지만 선생님의 의도와는 다르게 학생들은 멘토링 활동을 중요하게 생각하지 않아 별로 집중하지 않았고, 시간이 지나면서 수업시간에 **멘토링을 빙자한 잡담이 늘어났다.** 나는 멘토 역할을 맡았는데, **나도 제대로 이해하지 못해 풀기 벅찬 문제를 짧은 시간 안에 멘티에게 가르쳐 주는 것이 힘들고 번거로웠다.** 그러면서 나도 그렇고 대부분의 친구들에게서 멘토링은 시간이 지나면서 점점 흐지부지됐다. 그러다 보니 지금은 '**멘토링이나 조활동 같은 것은 공부에 별로 도움이 안 된다**'라는 부정적인 생각을 갖게 되었다.

사례 31 영어 잘하는 친구와 짝을 하면서 처음에는 창피하였으나 짝활동에 적극적으로 참여하면서 성적이 향상됨

비틀즈의 "Let it be"를 들으면 중학교 영어 선생님이 떠오른다. 그 선생님 덕에 처음으로 "Honesty", "I will always love you"와 같은 팝송을 듣게 됐다. 선생님은 팝송을 듣고 합창을 하거나 분단을 나눠서 마디별로 불러보게 하며 영어를 가르쳤다. 당시 배운 팝송들이 아직도 머리에 남아 흥얼거릴 정도로 재미있던 수업이었다. 덕분에 영어에 대한 흥미는 높아졌지만 여전히 영어는 어려운 과목이었다.

그런 나를 보고 선생님은 "실력이 없지는 않아서 조금만 더 공부하면 될 것 같은데 막상 시험을 보면 영어성적이 나쁘단 말이야…" 하시더니 얼마 후 **외국에 살다 온 우리 반 1등 친구를 영어시간 짝으로 붙여 주었다.** 내가 독해를 못하거나 발음이 부정확하면 옆에서 고쳐 주고 이끌어 줄 수 있도록 하였다. 그래서 짝과 함께 교과서에 있는 대화형식의 지문을 보고 서로 번갈아 읽어 가며 공부를 했다. **처음엔 내 실력이 많이 낮아서 부끄럽기도 했지만, 곧 짝이 나의 수준을 알고 있다고 생각하니 더욱 적극적으로 질문할 수 있었고 점점 부끄럽지 않았다.** 그러면서 영어성적이 조금씩 높아졌다.

사례 32 멘토 역할이 처음에는 막막하고 내키지 않았지만 멘티에게 제대로 알려 주기 위해 꼼꼼히 준비하면서 보람과 협동학습의 의미를 알게 됨

내가 다닌 고등학교 주변에는 학원 같은 사교육 기관이 거의 없었다. 그래서 학교에서는 방과 후 활동수업이나 다른 교육기관들과 MOU 체결을 하여 학교 내에서 다양한 교육활동들을 지원해 주었다. 그중 하나가 학생들끼리의 '멘토-멘티' 활동이었다. 나는 멘토가 되어 공부를 도와주는 역할을 하였다. 하지만 아무리 좋은 취지라고 해도 처음에는 썩 마음이 내키지 않았다. 우선 나도 부족한 점이 많은데 누가 누굴 도와줄 처지가 되는 것인지 의문이었고, 시간을 내서 남의 공부를 도와주는 것이 힘들다고 생각했다. 그래서 활동 초기엔 걱정스런 마음이 더 앞섰다.

처음에는 그저 급우가 모르는 문제들만 풀어 주며 수동적으로 활동에 임했다. 그런데 멘토링을 하면서 어려운 것을 함께 푸는 과정에서 내가 제대로 모르는 부분이나 막

히는 부분들이 보이기 시작했다. 그럴 때면 굉장히 막막한 기분이 들었다. 내가 누구를 가르칠 실력이 되지 않는 것 같아 의기소침해지기도 했다. 그러면서 자존심도 많이 상했다. 하지만 시간이 지나면서 내가 모르는 개념들이 많다는 걸 자각하고 오기가 생기기 시작했다. 혼자 공부했을 때는 완전히 이해하지 못한 개념들을 대충 넘기곤 했었는데, **멘티와 함께 공부를 하게 되니 모르는 부분을 이해가 될 때까지 읽고, 그 개념을 멘티에게 알려 주기 위해 더 꼼꼼히 공부하였다.** 나중엔 멘티와 사이가 돈독해지고, 멘티가 내 덕분에 이해가 잘되고 도움이 많이 됐다고 말할 때 멘토링 활동이 마냥 힘든 활동은 아니라고 생각하였다. **어느새 멘토링 활동을 하는 날을 기다리게 되고 더 체계적인 계획을 짜면서 활동에 임했고 조금씩 보람도 느끼기 시작했다.**

학기 말에 멘티의 성적이 많이 향상된 팀에게 상을 수여하였는데, 우리 팀이 당당히 1등을 해서 상을 받았다. 굉장히 **뿌듯하고 보람을 느꼈다.** 물론 온전히 나 때문에 동료의 성적이 오른 것은 아니겠지만, 그래도 내가 조금이라도 보탬이 되었다고 생각하니 뭔가 가슴 벅찬 기분이 들었다. 처음엔 그냥 사교육 줄이기 차원에서 시작된 활동이었지만, **활동을 통해 협동학습의 의미를 알게 되었고 경쟁밖에 몰랐던 것에서 상생의 의미를 다시금 깨닫게 되는 계기가 되었다.** 나와 멘티 모두의 성적이 향상되는 결실을 맺었고, 결과적으로 내가 선생님이라는 진로를 선택하게 된 가장 큰 계기가 되었다. 지금 생각해 보면 멘토뿐만이 아니라 멘티도 한 번씩은 멘토 역할을 하며 동료를 가르쳐 보면 더 능동적이고 적극적인 멘토링이 되지 않을까 싶다.

사례 33 국영수 시간의 멘토가 체육시간 멘티가 되고, 체육시간 멘토가 국영수 시간 멘티가 되면서 상호존중하는 자세를 배움

내가 다닌 고등학교는 운동장이나 체육관이 좁았다. 간혹 두 학급의 체육시간이 겹치는 날이면 체육 선생님은 좁은 공간에서 수업을 빠르게 진행하기 위해 4-5명씩 한 팀을 이뤄 멘토-멘티 활동을 하도록 지도하였다. 같은 팀 내에서 서로를 도울 수 있도록 **이질적인 실력의 학생들을 섞어서 한 팀으로 편성**하였다. 그러자 **수업을 할수록 팀원들끼리의 실력 차이가 줄어드는 것은 물론이고, 서로 격려하고 배려하는 결과가 나**

타났다.

공교롭게도 체육을 잘하는 아이들 중 상당수가 다른 교과목에서는 **멘토가 되어 본 적이 없었는데, 그 아이들도 자신이 잘하는 것이 있다는 것에서 자신감을 얻었다.**

반대로 성적이 좋아서 국영수 등 다른 과목에서 멘토 역할을 하던 아이는 우월감과 자만심을 가졌다가, 오히려 체육시간에 자신의 부족함을 인정하고 배우려고 하는 자세를 갖기도 했다. 이렇게 **체육 멘토링 활동을 통해 우리는 상호존중의 자세를 배 웠다.**

사례 34 **자치활동을 통한 멘토링을 통해 협력적이고 상호의존적인 학급 분위기가 형성 되고 경쟁보다 협력의 소중함을 배움**

고등학교 학급 자치활동 시간에 자신이 원하거나 또는 성적이 좋은 학생이 한 과목 씩 맡아 학급 멘토 역할을 하였다. 나는 한국지리를 맡았는데, 시험기간에 주요 내용 을 정리한 요약본을 직접 만들어 멘티에게 나눠 주고 설명도 해 주었다. **멘티에게 설 명하기 위해 나 또한 한 번 더 공부하게 되어 한국지리 과목에 대한 이해의 폭이 넓어 졌고, 동시에 멘티가 어려워하는 부분을 알려 주면서 누군가에게 도움을 줄 수 있음을 느낄 수 있었다.** 다른 과목에서는 나 역시 자유로운 분위기 속에서 다른 멘토에게 편하게 질문하며 모르는 부분을 채워 나갔다. 그러면서 우리 반은 서로가 치열하게 경쟁하는 관계가 아닌, **함께 공부하고 성장하는 상호의존적이고 협력적인 관계가 형성되었다.** 이러한 분위기를 바탕으로 함께하는 공부에 매진한 결과 우리 학급은 학년 전체에서 1등하였고, 학급자치활동 우수표창도 받을 수 있었다.

서로의 부족한 것을 채워 주는 멘토-멘티 활동을 통해 공부라는 것이 혼자서 교과목의 지식을 습득하고 성적을 잘 받는 것이 아닌, 학급 친구를 동반자로 인식하고, 이를 바탕으로 협력하며 함께 성장하는 것이 더욱 가치 있고 소중한 것이라는 것을 배울 수 있었다.

〈해설 및 이론〉

최근 많은 학교에서 쉬는 시간이나 점심시간 등 자투리 시간을 활용해 학생들 서로 간에 가르쳐 주고 돕는 또래 멘토링 활동을 장려하고 있다. 특히 인문계 고등학교의 경우 교대, 사대에 진학을 희망하는 학생들이 교사의 자질을 갖추기 위한 교수학습 경험을 얻기 위해 참여하는 경우가 많고, 다른 학생들도 특정한 기술의 습득이나 봉사를 통한 인성교육의 일환으로 또래 멘토링에 많이 참여한다.

또래 멘토링에 참여했던 사례들을 보면 멘토링은 멘토와 멘티 모두에게 여러 긍정적인 효과를 가져오는 것으로 나타난다. 멘토 입장에서는 자신이 알고 있는 내용을 동료에게 가르치는 과정에서 얻게 되는 지식의 재구조화를 통한 학력 향상과 함께 사회적 기술의 습득, 관계 증진 등의 효과가 있고, 멘티는 마음이 맞는 또래 멘토의 경우 교사보다 한층 편한 입장에서 자유롭게 질의하고 집중해서 들을 수 있어 학습에 많은 도움이 된다. 그러나 몇몇 사례에서 보듯 또래 멘토링이 항상 성공만 하는 것은 아니다. 멘토와 멘티가 서로에 대한 믿음과 긍정적 자세로 서로를 대하지 않으면 성공을 거두기 어렵다. 결국 또래 멘토링의 효과는 멘토와 멘티의 특성(성격)과 함께 활동 내용, 멘토링 기법, 기간 등 여러 요인과 관련이 있다는 것을 알아야 한다.

〈또래 멘토링의 효과에 영향을 미치는 요인[9]〉

- 멘토와 멘티의 요구에 기초한 결연과 재결연 시스템
- 멘토의 관계 형성 기술과 성실성
- 멘토링에 대한 멘토의 기대
- 멘티 교육
- 코디네이터의 적절한 개입

또래 멘토링이 성공하기 위해선 무엇보다 멘토링 초기에 멘토와 멘티 간의 상호우호적 관계를 맺는 게 중요하다. 서로 도움을 주고받으며 함께 발전해 나가자는 기대와 신뢰가 있어야 한다. 이를 위해 지도교사는 멘토, 멘티의 요구사항과 특성을 사전에 파악하고 서로 같은 목표와 성향을 가진 학생들을 대상으로 멘토링을 맺어 줘야 한다. 그러나 현실적으로 멘토와 멘티의 상황(성격, 여가 시간, 교재 선정 등)이 서로 조율되기 어려운 경우도 많은데, 이럴 경우엔 **멘티의 입장을 먼저 헤아릴 필요가 있다.** 멘토의 경우 멘티보다 적극적인 역할을 담당하고 있고, 성공적인 멘토링을 위해선 멘티의 자발적 참여가 가장 기본이 되기 때문이다.

멘토링 진행 과정을 보면 처음엔 멘토와 멘티 모두 열심히 하고자 하는 적극적인 의지를 보이는 경우가 많다. 그러나 시간이 지나면서 멘토링 방법이나 내용, 태도 등에 대해 서로 간에 갈등이 생길 수 있다. 그래서 멘토링 초기 2-3개월 정도는 교사의 세심한 관찰이 필요하다. 만약 둘의 관계에 어떤 문제가 있다면 즉각 교사가 개입해 해결해 주거나 차라리 서로에게 새로운 멘토, 멘티를 연결시켜 주어야 한다.

멘토를 대상으로 한 멘토링 기술을 가르치는 것도 매우 중요한 일이다. 상대의 자존심을 건드리지 않는 언어사용법이나 감정표현 방법, 교수법 등 필요한 기술을 알려 주어야 한다.

그뿐만 아니라 멘토가 책임감을 갖고 멘토링 활동에 참여할 수 있도록 수시로 격려하면서 지도해야 한다. 멘토링 활동의 실패사례를 보면 적지 않은 경우가 멘토의 불성실한 태도에 원인이 있다. 멘토가 개인적인 일로 멘토링을 미루거나 빠지는 경우, 또는 멘티에 대한 권위적인 태도나 무시하는 자세 등은 멘토링을 실패하게 하는 원인임을 확실히 알려 주어야 한다. 멘토링 초기 3달 이내의 잦은 집단활동이 멘토링 결과에 긍정적으로 영향을 미치기[10] 때문에 교사는 멘토가 성실한 자세로 멘티와 정기적으로 만나 활동을 유지할 수 있도록 지도 감독할 필요가 있다.

멘티를 대상으로 한 교육도 필요하다. 멘티의 무관심과 수동적인 태도는 멘토의 의욕을 꺾어 멘토링이 실패하는 주요한 원인이 됨을 수시로 인지시켜 멘토링에 적극적으로 참여할 수 있도록 해야 한다.

이러한 것들은 결국 모두 지도교사의 역할이 중요함을 의미한다. 사전에 멘토와 멘티에게 각자의 역할과 주의사항에 대해 충분히 교육하고, 멘토링 과정에서도 초기 몇 달간은 정기적으로 관심을 갖고 활동 상태를 점검할 필요가 있다. 특히 멘토와 멘티의 활동 빈도가 계획보다 적어질 때는 반드시 그 사유를 확인해 필요한 조치를 취해 주어야 한다. 그러면서 수시로 학생들을 격려하고 상황별로 필요한 도움을 준다면 성공적인 멘토링을 이끌 수 있을 것이다.

〈효과적인 또래 멘토링 운영 방안(예시)〉

단계	주요 활동
멘토링 안내 및 조직	• 멘토링 취지 안내 및 참여자 모집 • 멘토, 멘티 구성(이성 간 조직은 지양) • 멘토, 멘티 활용요령 및 참여방법 교육
멘토링 운영 간	• 멘토링 활동사항 확인 및 지도 • 수시 멘토, 멘티 개별/집단 상담, 격려
활동 종료 후	• 멘토링 활동경험 수합(멘토, 멘티) • 피드백(우수자 칭찬, 생활기록부 기록 등)

바. 학습내용과 잠재적 교육과정

사례 35 빈곤층 문제해결을 위한 영상을 본 후, 학생들은 기부를 실제로 실천하게 됨

고등학교 때 경험한 사례이다. **수업내용은 빈곤층에 대해 알아보고, 빈곤에 대한 해결방안을 논의**하는 시간이었다. 도입 부분에서 선생님은 교과서를 중심으로 설명을 하였다. 학생들은 지루해 보였고, 몇몇은 하품을 하기 시작했다. 그렇게 수업이 끝나갈 때쯤 선생님은 영상을 하나 보여 주었다. **영상의 내용은 각 개인의 작은 기부가 많은 생명을 살릴 수 있다는 사례**들을 보여 주는 것이었다. 선생님의 설명을 들었을 때와 달리 학생들은 영상에 집중을 하기 시작했다. 영상은 아프리카 일부 국가에서 전쟁과 기아로 죽어 가는 아이들을 보여 주었으며, 세계 기부단체의 활동 모습을 포함하고

있었다. 내가 기부한 돈은 나에게는 몇 푼 되지 않는 돈이었지만 도움이 필요한 아이들에게는 생명 줄과도 같다는 것을 알게 되었다.

나는 그 영상을 본 뒤 한 단체에 가입해 기부를 하기 시작하였다. 나뿐만이 아니라 몇 명의 친구들도 영상을 보고 기부를 하기 시작했다. 선생님이 준비해 온 영상은 우

리에게 기부가 단순히 큰 것이 아닌 작은 것으로도 가능하며 학생인 우리도 사랑을 실천할 수 있다는 인식을 심어 주었다. 이로 인해 나도 기부를 실천하는 삶을 살게 되었다.

<해설 및 이론>

수업에서 공개적으로 다루는 학습내용은 잠재적 교육과정이라기보다는 공식적 교육과정의 영역에 속해 있다. 그러나 학습내용이 선정된 의도를 벗어나 다른 방식으로 영향을 미치게 된다면 잠재적 교육과정이 된다. 사례에서도 학습내용은 목표한 의도와는 다르게 학생들의 정서에 큰 영향을 미치고 있다.

위의 사례는 학습내용이 학생의 정서에 긍정적 영향을 미친 경우이다. 사례에서 학습내용은 학생의 기부하고자 하는 마음과 같은 도덕성 등에 영향을 미쳤다. 다른 예로 장애의 원인에 대한 생물학적 교과내용이 장애우에 대한 막연한 편견을 극복하는 데 도움을 주는 경우도 있다.

학습내용은 학생들의 삶의 가치관 형성에 큰 영향을 미친다. 예를 들어, 국어 시간에 옛 선비들의 청빈한 삶을 노래한 시구를 통해, 삶의 참된 즐거움은 소유에서 오는 것이 아니라 자아 개발에 있다는 교훈을 얻을 수 있다. 또한 에디슨이나 아인슈타인과 같은 과학자들이 끊임없는 실패 속에 많은 업적을 이룬 사례들을 통해 성실과 인내라는 덕목을 배울 수도 있다.

사례 36 **임진왜란을 주제로 한 역사 수업에서 부모님이 일본인인 다문화 학생이 교사의 의도와 다르게 마음의 상처를 입음**

초등학교 사회 시간에 경험한 사례이다. 같은 반 친구 중에는 어머니가 일본인인 친구가 있었다. 유치원 때부터 친하게 지낸 친구들이 같은 학급이 되어 서로의 부모님이나 가정에 대해 어느 정도 알고 있었다. 그러던 중 역사 수업에서 임진왜란에 관한 내용을 배울 때 **선생님은 "임진왜란 때 일본인들 때문에 이순신 장군님을 비롯한 많은**

사람들이 죽거나 다치고 한동안 그 피해를 복구하기 위해 많은 고생을 했었습니다"라는 말을 하였다. **이 말이 끝나자마자 반의 거의 모든 학생들이 엄마가 일본인인 그 다문화 아이를 쳐다보았다.** 나중에 친구들과 대화해 보니 학생들은 그 아이의 엄마가 일본인이라는 생각이 들어 쳐다보았을 뿐 부정적 생각을 갖고 본 것은 아니었다.

하지만 **당시에 그 아이는 시선이 무서웠는지 "내가 한 일이 아닌데 왜 날 보는 거야"라고 하면서 울음을 터트렸다.** 선생님은 아이를 달래고 우리들도 나중에 사과를 하면서 잘 해결되었다. 아마도 **선생님은 수업을 할 때 학생들이 이런 행동을 할 거라고는 예상하지 못했을 것이다.**

〈해설 및 이론〉

학습내용은 목표한 의도와 다르게 학생들의 정서에 큰 영향을 미친다. 한국의 역사적 특수성으로 인해 특정 학습내용이 특정 나라에 대한 반감을 유발하기도 한다. 예를 들어, 독도와 관련된 수업에서는 일본에 대한 반감을 불러오기도 하고, 동북공정에 대한 내용은 중국에 대한 반감이라는 정서를 불러일으킨다. 위의 사례와 같이 다문화 가정의 학생이 마음의 상처를 받을 수도 있다. 교사는 의도치 않게 유발될 수 있는 정서를 미리 예상하고 수업을 설계할 필요가 있다.

사례 37 초등학교 졸업 전 선행학습을 하였는데 학습내용이 어려워 오히려 자신감을 잃고 성적이 떨어지게 됨

나는 초등학교 시절 한 학년에 한 학급만 있는 작은 시골 학교에 다녔다. 6학년 담임 선생님은 졸업을 앞둔 우리에게 중학교 수학을 미리 예습해야 한다며 가르쳐 주었다. 선생님은 십진법, 이진법, 제곱 등을 차례로 가르쳐 주었으나, 나는 잘 이해하지 못했다. **선생님은 시간이 많지 않다는 이유로 진도를 빨리 진행하였고, 수학의 기초가 부족했던 나는 뒤처질 수밖에 없었다.** 선생님은 학생들 개개인을 지도해 주지 못했고, 겨울방학에 수학 문제를 모은 교재를 만들어 주었다. 그러나 기초가 부족했던 나는 수학 교재를 대부분 풀지 못한 채 입학했다. **나는 중학교에 입학하기 전부터 수학에 대한 자신감이 떨어졌고, 이것은 수학 성적 부진으로 이어졌다.**

〈해설 및 이론〉

위의 사례의 경우, 선행학습으로 인해 학생은 학습에 대한 흥미를 잃고, 수학을 포기하게 되었다. 현재는 선행학습을 금지하는 법률이 생겨 학교에서 선행학습은 이루어지지 않고 있으나, 사교육에서는 여전히 선행학습이 만연해 있다. 학습의 효과 면에서 신중하게 접근해야 할 선행학습은 학습 자체뿐만 아니라, 해당 교과에 대한 흥미와 학습의욕까지 떨어트릴 수 있다. 선행학습이 영포자(영어포기자)와 수포자(수학포기자)를 만드는 원인의 하나라는 보고도 있다.[11]

사. 상호작용이 없는 일방적 수업

사례 38 **교사의 진도 나가기에 급급한 일방적 수업으로 교과 자체에 대한 흥미를 잃음**

고등학교 때 국어수업은 교사와 학생 사이의 상호작용이 전혀 없던 수업이었다. 국어에서도 많은 학생들이 어려워하는 '중세국어'의 경우 한자가 쓰이거나, 현재 쓰이는 단어 뜻과 달라 해석하는 것에 있어 원리를 이해하는 데 많은 시간이 소요되었다.

국어 선생님은 시험 진도 나가는 것에만 급급해 관동별곡 본문의 반을 한 시간 안에 나가는 등 **학생들이 이해하는 데 필요한 시간 여유 없이 진도를 나갔다.** 그 결과 대부분의 학생들은 수업내용을 이해하지 못했고, 급기야 관동별곡과 같은 문학작품을 왜 배워야 하는지에 대한 의문을 갖기 시작했다. 물론 수학능력시험에서 좋은 성적을 받는 게 중요하였기에 문학을 완전히 포기할 수는 없었다. 우리는 중세국어의 문법 원리를 이해하기보다 시험을 위해 무작정 외우는 것을 선택해야만 했다.

학년 말에 교과서의 진도를 다 나갔다는 점에서 수업이 잘 진행되었다고 생각할 수도 있지만, '학생들이 배운 수업을 제대로 이해하지 못하고 단지 성적을 위해 외우기만 하는 게 과연 좋은 수업일까?' 하는 생각이 들었다. 그러면서 시간이 걸리더라도 내용과 원리를 하나하나 설명하고 그것과 관련하여 해석을 하도록 유도한다면 학생에게 오래도록 **의미 있는 수업**이 되지 않을까 하는 생각을 하였다. 또한 단원의 난이도를 고려하여 시간 분배를 달리하는 것도 필요하다. 어느 과목에서나 학생이 특히 더 어려워하는 부분 하나쯤은 있고, 그것은 대부분의 학생들에게 공통적이다. 그러므로 쫓기듯이 수업하는 것보다 **단원의 난이도별로 시간 분배를 달리하면** 학생들은 시험에 대한 부담감 없이 학습목표를 달성할 수 있을 것이다.

사례 39 학생들과 아무런 상호작용 없이 혼자 수업하는 선생님에게 실망을 하고 결과적으로 학업성취도도 낮아지게 됨

중학교 수업시간에 많은 학생들이 책상을 뒤쪽으로 붙이고 엎드려 낮잠을 자곤 했다. 학생으로서 기본 예의가 아니지만, 선생님이 아예 우리들에게 아무 관심이 없었기 때문에 그랬다. **선생님은 우리와 절대 눈 한 번을 마주치지 않았고, 관심 어린 말씀도 한 번 없었다.** 그렇게 수업시간마다 어떤 상호작용도 없이 혼자서만 수업을 하다가 종료령이 울리면 교실을 나가셨다.

그러다 보니 **어느샌가 학생들이 수업시간에 대놓고 엎드려 자는 행동을 아무 죄책감도 없이 했다.** 나중에 수행평가에서 5점 만점에 2점 이상을 넘은 학생이 하나도 없자 모든 학생들의 점수를 1점씩 상향 조정해 주기도 했다. 지금 생각해 보면 참 부끄러운 일이다.

수업시간에 교사와 학생 사이에는 깊은 관계는 아니더라도 어느 정도의 상호작용이 꼭 필요하다. **수업은 단순히 지식을 전달하는 시간이 아니라, 교사와 학생이 만나는 시간**이기 때문이다. 교사는 단순한 지식 전달자가 아닌, 학생의 가치관과 인성, 인격 등에 절대적 영향을 미치는 위치에 있다.

사례 40 교과서를 단순히 읽기만 하는 수업방식에 많은 학생들이 지루함을 느끼고 다른 과목을 공부함

고등학교 때 ○○ 선생님은 첫 시간부터 학생들과 상호작용이 없는, **일방적으로 선생님 혼자서 교과서만 읽는 수업을 하였고 우리는 모두 무척 지루하였다.** 얼마 후 해당 수업시간이 되면 자거나 아예 다른 과목을 공부하는 학생들이 많아졌다. 우리는 그처럼 상호작용이 없는, 일방적인 수업방식을 고집하는 선생님을 이해할 수 없어 불만이 많았다. 그러나 자신의 수업방식에 대한 문제점을 깨닫지 못한 선생님은 수업시간에 졸고 있는 학생을 탓하기만 하였다. **나도 나중에는 실망감을 느끼고 다른 친구와 마찬가지로 차라리 다른 과목을 공부하였다.**

〈해설 및 이론〉

학교는 기본적으로 지식(기술)의 전수와 함께 인성 함양이라는 두 가지 교육목적을 추구한다. 그런 점에서 교사는 단순한 지식 전달자를 넘어 학생들이 올바른 인성을 함양하도록 돕는 인생의 멘토이다.

이러한 교육목적을 달성하기 위해서는 **교사와 학생 간의 활발한 상호작용이 필요하다.** 교사와 학생 간에 서로 협력적이고 상호존중하는 래포가 형성될 때 매우 긍정적인 교육효과가 나타난다. 이를 위해 교사와 학생은 **서로 소통**을 하려는 노력이 필요하다.[12] 그리고 그러한 노력은 교사가 먼저 주도적으로 기울여야 한다. 그렇다면 교사는 어떤 태도로 학생과의 대화를 이끌어야 할까?

〈학생들과 상호존중하는 관계를 만드는 몇 가지 방법들〉

학생과의 대화 시 교사가 지켜야 하는 중요한 원칙은 학생의 성격과 인격이 아닌 **상황에 대해 이야기하는 것**이다.[13] 예를 들어 시험에서 낮은 점수를 받은 학생에게 "넌 머린 좋은 거 같은데 성적은 왜 이러냐? 더 열심히 해 봐"라고 하기보다, **"성적이 좀 걱정스럽네. 좀 더 올려야겠어. 내가 뭘 도와주면 될까?"** 식으로 학생에 대한 평가보다 상황을 분석하는 대화법이 학생의 마음을 상하지 않으면서 교사에게 다가오는 자세를 갖게 만들어 준다.

학생과의 관계에서 지켜야 할 두 번째 원칙은 학생과 **협력하는 자세**를 갖는 것이다.[14] 경험 많은 교사는 처음부터 학생의 친밀한 관계를 자신하지 않는다. 자기 기분에 따라 교사를 좋아하기도 하고, 싫어하기도 하는 학생의 특성을 잘 이해하고 있는 것이다. 기본적으로 학생은 교사에게 의존하는 특성을 보이는데, 그런 자신의 마음을 교사가 몰라주면 반감이나 적대감을 갖는다. 따라서 교사는 학생이 스스로 판단하고 행동할 수 있도록 돕는다. 이를 위해선 명령어 대신 존중하며 학생의 자존심을 세워 주는 말을 사용한다. 수업을 위해 학생에게 "책 꺼내. ○○쪽 펴!" 하는 것보다 "오늘은 ○○쪽부터 공부하자" 하는 식의 대화가 학생을 **존중**하는 느낌을 주어 교사에 대한 적대감 대신 **협력적 태도**를 갖게 해 준다.

슬기롭게 화를 표현하는 것도 중요하다.[15] 교사라고 해서 무조건 참기만 할 필요는 없다. 분노의 상황에서 적절히 그런 감정을 표현해야 교사의 스트레스도 줄이고, 학생과 좀 더 인간적인 관계를 맺을 수 있다. 다만 그런 상황에서 단순히 분노의 감정을 표현하기보단 그 상황을 개선하기 위해 교사가 느끼고 기대하는 것을 설명하는 표현이 필요하다. 예를 들어 교실에서 떠드는 아이들에게 "왜 이리 시끄러워! 제발 좀 조용히 해!" 하며 학생에게 직접 화를 내는 것보다 **"교실이 시끄러우면 선생님도 정말 화가 나"**라는 식으로 화난 감정을 표현하면서도 학생을 감싸는 것이 필요하다.

이처럼 상황에 맞는 적절한 의사소통을 통해 교육을 변화시킬 수 있다. 따라서 교사는 평소 학교생활에서 다음 사항을 항상 염두에 두어야 한다.

- 학생에게 학습동기를 유발한다.
- 학생에게 자율성을 고취한다.
- 학생의 자존심을 격려한다.
- 학생의 자신감을 키워 준다.
- 학생의 불안감을 누그러뜨린다.
- 학생의 두려움을 제거한다.
- 학생의 욕구불만을 해소한다.
- 학생의 분노를 가라앉힌다.
- 학생의 갈등을 줄여 준다.

아. 학습내용과 무관한 수업 전개

사례 41 **교사의 수업내용과 무관한 딴 이야기에 수업의 맥락이 끊기고 집중이 안 되었음**

학창시절 선생님이 수업 도중 갑자기 학습내용과 상관없는 이야기를 할 때가 종종 있었다. 이것은 계속된 강의, 설명에 지친 학생들에게 쉴 시간을 주기 위함이고 수업에 흥미가 없던 아이들의 주의를 환기시키기 위함이었을 것이다. 실제로 꾸벅꾸벅 졸던 아이들이 하나둘씩 일어나 선생님의 말씀을 듣기도 했다. 선생님이 주로 하는 말씀은 '주말에 있었던 웃긴 이야기, 자신의 자녀 이야기, 이전에 가르쳤던 제자 이야기 등'의 일상 이야기이다. 웃긴 내용이 등장하면 학생들은 웃었고 선생님의 이야기에 흥미를 보이며 반응했다.

하지만 내 경우는 좀 달랐다. **수업에 집중하고 있던 나는 갑자기 시작된 딴 이야기에 맥이 탁 풀렸다.** 수업과 전혀 관련 없는 이야기 때문에 **수업의 맥락이 끊기고 이야기가 지속될수록 내 집중력도 계속해서 흩어졌다.** 그러다 선생님은 "아 너무 삼천포로 빠졌네~ 어디까지 수업 나갔지?"라며 갑자기 수업으로 돌아왔지만, 이미 흩어진 집중력과 끊겨 버린 맥락에 전처럼 집중하지 못하고 수업이 끝날 때까지 대충 듣게 되었다. 선생님은 학생들이 수업에 몰입하고 흥미를 갖도록 하기 위해 학습내용과 무관한 이야기를 하였지만, 오히려 나에겐 집중을 방해하는 결과가 되었던 것이다.

물론 수업 도중 선생님의 일상 이야기를 한다는 것은 학생들과의 친밀감을 높일 수도 있고, 학생들에게 웃음을 주어 수업에 조그마한 활력소가 될 수도 있을 것이다. 나 또한 선생님의 이야기에 웃기도 했고, 선생님에게 인간적인 호감과 친밀감을 느끼기도 했다. 그렇지만, **배우고 있던 내용과 관련이 있는 이야기였다면 좋았을 것**이라 생각한다.

일례로 국어 선생님은 시 내용을 설명하다가 갑자기 자신의 이야기를 시작하였다. 재미있게 듣고는 있었지만 이게 수업과 무슨 관련이 있는지 의문이었다. 그때 선생님은 이야기를 마치고는 "지금 한 이야기의 내용과 이 시의 이 부분의 내용이 비슷하죠? 시에서 화자의 감정이 어떠했을지 조금 더 잘 느껴지시나요?"라고 말씀하였다. 나는 선생님의 이야기와 시를 연결하면서 '아하!' 하고 시를 좀 더 깊게 이해했던 기억이 난다. 다른 선생님의 시간에도 그런 전개가 있었으면 좋겠다.

사례 42 수업 중 선생님의 재미있는 이야기로 선생님을 친숙하게 여겼으나, 학생들이 공감하지 못할 지나치게 사적인 이야기로 오히려 반감을 느낌

중학교 때 일본의 애니메이션을 좋아했고 그로 인해 일본의 독특한 문화를 더 알아보고 싶어 자연스럽게 일본어를 제2외국어로 선택하였다. 일본어 선생님은 젊은 여자 분이었는데, 아이들과 공통적인 관심사가 맞아 수업이 더 활기찼다.

학기 초에 가타카나를 외우는데 익숙하지 않은 문자이다 보니 우리들은 쉽게 지쳤고 지루해했다. 그때마다 **선생님은 학생들의 관심을 집중시키려고 어리고 호기심 많은 여자 중학생들이 관심 있는 대학교의 생활이나 이성 관계 같은 사적인 이야기**를 해 주었다. 수업이 지루하던 찰나에 선생님이 들려주는 이야기는 아이들의 이목을 집중시키기 충분했고, 꾸벅꾸벅 졸거나 볼펜을 돌리며 딴짓을 하던 아이들도 어느새 선생님의 이야기에 눈을 초롱초롱 밝혔다. 그렇게 이따금씩 이야기로 집중을 시키며 수업을 진행하다 보니 일본어를 외울 때는 그렇게 더디던 시간이 더 빨리 가는 듯했다. 마치 잘 아는 옆집 언니가 일본어를 가르쳐 주는 것과 같이 편안한 분위기였다.

하지만 **그런 좋은 분위기는 오래가지 못하였다.** 어느 날 선생님은 여느 때와 같이 사적인 이야기를 하던 중 **친구의 소개팅에 따라 나갔다는 에피소드**를 말하였다. 그런 선생님의 행동을 이해 못 한 우리들의 표정은 점점 안 좋아졌지만, 선생님은 눈치채지 못하고 계속해서 이야기를 이어 나갔다. 그렇게 수업이 끝난 후 이 이야기는 쉬는 시간의 주된 이야깃거리가 되어 퍼져 나갔고, 한창 사춘기의 아이들의 입방아에 오르내리게 되었다. 그러면서 전에 선생님이 하신 사적인 이야기들과 함께 엮여서 **선생님에 대한 부정적 인상을 심어 주는 계기가 되어 빠르게 퍼져 나갔다.**

이후 선생님은 평소처럼 수업을 하였지만 학급의 분위기는 예전과 같지 않았다. 아이들은 수업에 집중을 하지 않았고, 선생님은 사적인 이야기로 아이들의 흥미를 이끌어 보려고 노력하였지만 돌아온 것은 무관심이었다. 계속되는 어색한 수업 분위기에 선생님은 이유를 물어보았지만 누구 하나 입을 여는 사람이 없었다. 더욱이 이전에 형성된 친숙한 선생님 이미지 때문에 아이들은 선생님에게 자주 쉬는 시간을 요구하거나 뮤직비디오를 틀어 달라는 등의 투정을 거리낌 없이 요구하였다. 선생님은 갑자기 변한 아이들의 수업태도에 학기 내내 힘들어 하였다.

모든 상황을 지켜보면서 내가 느낀 점은 **주의집중 방법은 단순한 흥밋거리보다 수업과 연계된 내용이어야 한다**는 점이다. 또 **교사와 학생 사이에는 어느 정도의 거리가 필요하다**고 생각했다. 지나치게 가까운 관계는 오히려 교사의 품위를 떨어뜨리는 것 같다.

사례 43 수업을 소홀히 여기는 무성의한 교사의 태도에 대하여 부정적 인식을 가짐

고등학교 때 ○○ 선생님은 수업을 하다 말고 **자신의 블로그를 보여 주거나, 학습내용과 상관없는 책을 읽어 주곤 하였다.** 이러한 일이 한두 번이 아니고 자주 일어나다 보니 언제부턴가 학생들은 수업에 집중하지 않았고, 다른 과목을 공부하거나 잠을 자는 경우가 많아졌다. 그러다 **시험기간이 되면 시험문제에 나올 영역을 콕콕 집어 알려 주었는데, 평소엔 딴짓하다가 이때만 겨우 집중해서 듣는 친구들이 많았다.** 나는 선생님의 수업방법이 이해가 되질 않았다. '왜 그렇게 수업을 대충대충 하실까?' 그러면서 **'시험 외에는 수업 중의 선생님의 말씀은 필요 없다'**라는 생각을 가지게 되었다.

〈해설 및 이론〉

학생의 입장에서 생각하면 아침부터 저녁까지 쉼 없이 이어지는 매 수업시간 동안 집중력을 발휘하기란 쉬운 일이 아니다. 그래서 수업시간 동안 교과내용에 대한 이야기만 하는 것은 학생들에게 심적으로, 육체적으로 부담일 수밖에 없다. 그러다 보니 교사가 수업 중간중간에 **수업내용과 무관**하게 자신의 일상생활이나 과거 경험, 요즘 시대의 이야깃거리 등을 말하면서 학생들의 주의를 환기시키고, 교사에 대한 집중을 높인다. 교사와 학생이 상호작용하는 수업을 위해서 이런 행동들은 어느 정도 필요하다.

그러나 이것이 항상 좋은 효과만 거두는 것은 아니다. 지나치게 개인적인 이야기로 학생들의 공감을 얻지 못하거나, **수업내용과 동떨어진 얘기**를 반복할 경우 교과와 교사에 대해 실망할 수도 있다. 앞의 사례에서 알 수 있듯이 어떤 경우는 학생들이 '아니, 저 선생님은 왜 저런대? 왜 그렇게 유치하지?' 하며 실망감을 줄 수도 있다. 교사의 입장에서는 학생과 좀 더 편하게 다가가고자 인간적인 모습을 보여 준 것인데, 오히려 **역효과**가 나는 것이다. 이것은 평소 학생들이 교사에 대해 갖고 있는 기대감과 상대적 기준이 높기 때문이다. 따라서 수업에 대한 집중을 유도하거나 수업 분위기 전환을 위해 교과 외적인 내용을 말하게 될 경우 객관성, 가치중립성, 교육적 목적 등을 고려해서 이야기 소재를 고를 필요가 있다. 그렇게 함으로써 학생들의 수업에 대한 부담도 덜어 주면서 교수·학습 활동에 집중해야 하는 수업시간 운용원칙에도 벗어나지 않게 된다.

사례 44 교과내용과 무관하지만 선생님의 재미있는 이야기와 칭찬에 힘입어 더욱 열심히 공부를 함

고등학교 때 ○○ 선생님은 정말 유쾌하신 분이었다. 교과서에 충실한 수업도 하였지만, 그보다는 본인이 여행에서 맛있었던 음식이나 외국에 여행을 갈 때 숙소를 찾는 좋은 방법 등 여러 가지 사적인 이야기를 많이 하였다. 평소에 경험한 일반적인 수업과는 다르게 **재미있는 수업이었기 때문에 오히려 수업에 열심히 몰입**하게 되었다. 선생님이 하시는 이야기가 너무 재미있어서 열심히 듣고 웃기도 했다.

그런 내가 마음에 드셨는지 선생님은 나를 보며 "○○는 참 모범적이구나"라며 칭찬을 하였다. 여태까지 열심히 공부하고 모범적인 학생으로 지내 왔는데 내 노력이 누군가에게 인정을 받게 되자 무척 기분이 좋았다. 수업시간 **선생님의 칭찬 한마디는 내가 더욱더 열심히 공부할 수 있는 원동력이 되었다.**

사례 45 수업 중 선생님의 해외여행 경험을 들으며 세계 여러 나라에 대한 탐구심을 키우고 미래의 꿈을 세움

중학교 때 담임 선생님은 젊은 선생님으로 누구보다도 수업에 대한 열의와 학생들에 대한 관심이 굉장히 많으셨다. 선생님은 수업 중 수업내용과 무관한 여러 사적인 이야기를 들려주셨는데, 특히 해외여행에 대해 많은 이야기들을 해 주었다. **선생님의 이야기를 들으며 자연스럽게 나도 해외에 가서 다양한 문화를 많이 느껴 보고 싶다는**

생각을 하게 됐다.

실제로 대학생이 된 후 방학 때마다 자주 해외여행을 다니며 여러 나라를 경험했고, 세계 여러 나라들의 문화를 직접 접하면서 국가와 국가의 문화를 서로 소개하고 융합하는 일을 해 보고 싶다는 꿈을 갖게 되었다.

사례 46 수업 중 선생님의 진솔한 인생 경험을 들으며 선생님과 소통하고 교감을 나눔

내가 우상처럼 생각하며 많이 따랐던 중학교 때 선생님이 계시다. 선생님은 무척 남자다웠고, 어떤 학생을 만나도 이야기를 재밌고 유쾌하게 이끌어 갔다. 선생님 수업시간을 항상 기다렸고, **선생님의 수업시간엔 흥미로운 이야깃거리가 무궁무진했다.** 예를 들면 본인이 삼수를 하고 군대를 가서 느낀 인생에 관련된 생각, 어머니의 죽음과 아버지의 병간호 과정에서 많은 힘든 일들을 겪으면서 공부를 하겠다고 다짐하게 된 계기에 관한 이야기를 들을 때 나는 인생에 관해서 많은 생각을 했다. 나뿐만이 아니라 다른 학생들도 교과수업만 진행하는 선생님보다 다양하고 재미있는 이야기를 하는 선생님 시간을 더 좋아했다. 나는 그게 바로 **'소통하는 교육'**이라 생각한다. **교과서의 진도만 나아가는 수업보다, 비록 학습내용과 무관하지만 다양하고 유익한 이야기가 있는 수업이 훨씬 더 좋은 수업이라 생각한다.**

〈해설 및 이론〉

수업은 교수와 학습의 만남이다. 따라서 수업에서 교사의 말과 활동은 어떤 식으로든 **학습내용과 관련이 있어야 한다.** 교사는 학생들이 수업에 집중할 수 있도록 그날의 학습(교실) 분위기, 학생들의 심리적 상태 등 수업에 영향을 미치는 요소들을 고려하면서 수업을 이끌어야 한다. 그러기 위해 중요한 것은 학생들의 흥미를 유발하고 참여를 이끄는 것이다. 수업에서 학생의 흥미를 이끄는 방법으로 스토리텔링 수업이 있다.

〈스토리텔링 수업〉

스토리텔링의 사전적 의미는 이야기하기, 이야기를 들려주는 활동, 이야기가 담화로 변하는 과정이다. 이것은 어떤 주제에 대한 정보 전달의 과정에서 교수자가 관련 내용을 일방적으로 전달하는 대신 **내러티브방식을 통해 학습자가 자신의 경험을 바탕으로 상상력을 발휘하여 정보의 가공과 생산에 참여, 자연스럽게 정보를 습득하는 과정**으로, 본래는 광고계에서 활용하다가 이제는 교육 분야에서도 적극적으로 도입해 적용하고 있는 교수·학습 방법이다.[17]

스토리텔링 수업은 처음에는 문학부문에서 시작되었지만, 지금은 수학, 과학, 컴퓨터, 예체능 등 모든 교과의 수업활동에서 많이 활용된다. **일상의 경험 서사들을 구체적 스토리텔링으로 실현하는 과정을 통해 학습자는 학습내용에 대해 집중하면서 개념과 지식들을 종합적으로 이해해 간다**는 점에서 높은 교육적 효과가 있다. 스토리텔링은 **지식을 구성하는 그물의 역할**을 한다.[18] 또 스토리텔링 수업은 **다양한 정보를 학습자가 창의력과 확산적 사고를 바탕으로 자신의 이야기를 만드는 과정을 통해 학습목표에 보다 쉽게 도달**할 수 있게 해 준다.

스토리텔링 수업은 학습자가 호기심을 갖고 집중할 수 있는 이야기에서 출발한다. 그런 점에서 교수자는 학습자가 관심을 갖는 이야깃거리를 준비해야 한다. 소재가 일상생활에서 경험할 수 있고 공감할 수 있는 것이면 더 효과적이다. 이렇게 준비한 이야깃거리를 학습 주제에 맞추어 다듬고 자연스럽게 소개하면서 학생들의 수업에 대한 관심과 동기를 유발한다면 학생들의 수업에 대한 참여와 집중을 높일 수 있다.

자. 학생이 나와서 설명, 발표, 풀이하는 수업 및 거꾸로 수업

사례 47 동료들 앞에서 오답 문제풀이를 하면서 좌절감을 느끼고 과목에 대한 흥미를 잃음

중학교 때부터 수학이 약했던 나는 고등학생이 되어서도 수학에 별다른 흥미를 갖지 못하고 지루함을 느꼈다. 그런데 3학년 때 수학 선생님은 항상 모의고사가 끝난 후 오답풀이 숙제를 내셨다. 이후 **수업시간에 칠판 앞으로 나가 동료들 앞에서 오답 문제풀이를 하고 그것을 수행평가에 반영하였다.**

처음에는 열심히 하려는 마음으로 내가 틀렸던 문제를 선생님한테 물어보기도 하고 친구에게 물어보기도 하였다. 하지만 특히 오답풀이를 할 게 많았던 나는 **시간이 지날수록 좌절감과 수학에 대한 흥미를 잃었다.** 결국 나중에 가서는 수학을 잘하는 급우의 과제나 답안지를 보고 대충 베껴서 건성으로 설명하는 보이는 식의 오답풀이만 하였다. **나에겐 별로 효과가 없고 재미없던 기억으로 남아 있다.**

사례 48 학생이 앞에 나와 수학 문제풀이를 하는 수업에서 힘들어 함

고등학교 때 수학 선생님은 **교실 앞에 나와 문제를 풀 것을 자주 권유하였다.** 그러다 지원자가 없으면 수학을 잘하는 아이를 지목하며 나와서 풀어 볼 것을 요구하였다.

나는 반에서 수학 성적이 중상위권으로 수학을 못하지는 않았다. 어느 날 선생님은 나에게 칠판 앞으로 나와서 문제를 풀어 보라고 하였다. 그런데 하필 그 문제는 나한테도 어려웠다. 그래서 나보다 수학을 잘하는 친구에게 "네가 대신 풀어 주면 안되겠냐?" 부탁을 했다. 그래서 그 친구가 대신 풀어 주겠다고 하였지만, **선생님은 무조건 나보고 나와서 풀어 보라고 하였다.** 물론 어려우면 동료에게 물어봐도 된다고 하셨지만, 계속 나에게 직접 나와서 풀어 보라고 시키시는 선생님 때문에 그 수업시간은 **정말 힘든 시간이었다.**

사례 49 학생의 성격을 고려하지 않고 획일적으로 발표를 요구하는 수업에서 내성적 성격의 학생이 부끄러움을 느끼고 심한 스트레스를 받음

학교생활을 돌아보면 수업시간에 발표나 적극적으로 참여하는 자세나 태도를 평가에 포함시키는 경우가 많았다. 그러면 학생들은 좋은 평가결과를 받기 위해 적극적으로 준비를 하였다. 이것은 학생이 수업에 수동적으로 참여하는 것이 아니라 능동적으로 참여하고 활발한 분위기를 이끌어 낸다는 점에서 긍정적이라고 생각한다.

하지만 **모든 학생들이 발표나 적극 참여하는 수업을 좋아하는 것은 아니다. 내성적이거나 부끄러움이 많은 성격의 학생은 발표를 통해 평가하는 것을 힘들어한다.** 내 생각에도 꼭 발표가 아니라도 학생은 표정, 눈빛, 행동 등 다양한 방식으로 교사와 상호작용을 하며 수업에 참여할 수 있다고 생각한다. 단일하고 **획일적인 평가기준**으로 인해 어떤 학생들은 교사나 자신에 대해 불만을 가질 수 있고, 스트레스를 받을 수도 있다.

사례 50 교사의 예습 동영상 준비 부족으로 학생들이 미리 예습할 시간이 부족하여 거꾸로 수업이 제대로 진행되지 못함

고등학교 때의 일이다. 학기 초 수학 선생님은 다음 주에 배울 개념, 공식 등을 설명하는 10분 이내 수업자료 동영상을 직접 찍어서 인터넷 카페에 올렸다. 그리고 학생들에게 미리 예습할 것을 주문하였다. 처음에는 제한된 수업시간에 완전히 이해하기 어려운 개념이나 공식을 주말에 미리 동영상을 통해 예습한다면, 더욱 쉽게 이해할 수 있겠다고 생각했다.

하지만 한 달 정도 지나자 **선생님은 수업자료 동영상을 정해진 기간에 올리지 않고, 수업 전날에 올려서 학생들이 급하게 예습하는 경우가 많았다.** 영상의 길이도 점점 늘어나 지루함을 느낀 아이들이 동영상 자료를 예습하지 않기도 하였다. 예습을 제대로 하지 않아서 해당 학습내용이나 개념을 잘 이해하지 못하고 수업에 임하는 학생들이 많아지자 **선생님은 수업시간에 그 개념들을 다시 설명하였다.**

수업 준비가 덜 된 학생들을 위한 조치로 이해되지만, 시간을 내어서 동영상 자료를 열심히 예습하여 온 학생들에게는 아는 내용을 다시 설명하는 것이어서 시간 낭비로 받아들여졌다.

미리 동영상을 보고 예습한 학생이 선생님의 설명을 다시 들으면서 복습하는 기회라고 생각할 수도 있겠지만, 한편으로는 **더 이상 수업 전에 미리 예습을 하지 않아도 된다는 느낌을 받았다.** 또 동영상을 미리 예습해 온 학생들은 선생님의 설명 시간에 잡담을 하는 등 수업방해 행동을 하여 통제가 되지 못해 다소 산만하였다. 그러면서 예습의 중요성은 점점 사라지고 선생님이 의도한 거꾸로 수업은 잘 진행되지 않았다.

사례 51 거꾸로 수업에 대한 교사의 의도가 학생들에게 제대로 전달되지 않아서 학생들이 불만을 가짐

고등학교 영어시간, 2학기 때부터 갑자기 선생님이 수업방식을 바꿔 거꾸로 수업을 진행하였다. 수업 전에 인터넷으로 선생님이 미리 직접 찍어 올린 강의 영상을 보고 온 후 수업시간엔 모둠별로 학습지를 가지고 학생들이 스스로 공부하는 방식이었다. 거꾸로 수업은 다양한 활동을 하고 학습효과를 높이기 위해 선택한 방법이었다.

그러나 며칠 지나서 선생님의 새로운 수업방법에 대해 동료들과 대화를 해 보니 **대부분의 아이들은 선생님의 의도와 다르게 생각하였다.** "집에서 미리 학습내용을 따로 공부하기 때문에 시간을 빼앗긴다", "영상에 대한 이해의 정도가 서로 달라 조별활동 때 의견조율이 잘되지 않는다" 등의 여러 불만이 있었다. 또한 평소 인터넷을 잘 이용하지 않는 아이들은 선생님의 새로운 수업방식을 불편해했다. 나도 거꾸로 수업의 효과에 대해서 기존방식과 별 차이를 느끼지는 못했다.

사례 52 **사전 강의영상 수준과 본시수업의 수준 차이가 커서 학습에 어려움을 겪음**

고등학교 때 과학수업을 거꾸로 수업방식으로 하였다. 선생님이 앞으로 학습할 내용을 설명하는 짧은 동영상 자료로 만들어 미리 올리면, 학생들이 각자 집에서 동영상을 보고 와서 수업시간에는 조별로 탐구활동지를 완성하고 한 명씩 교실 앞으로 나와서 자신이 탐구활동을 어떻게 했는지 설명하는 수업방식이었다.

거꾸로 수업방식은 수업시간에 학생이 적극적으로 참여를 할 수 있다는 장점이 있으나, **동영상에서 개념은 정말 기본적인 것만 설명하고는 수업시간에 연습문제는 더 많은 개념과 심화내용을 다루었다.** 그래서 동영상 내용을 넘는 수업내용을 미리 깊이 있게 예습한 경우는 자신감이 넘쳤지만, 그저 영상에 있는 내용 수준만을 예습한 학생은 발표준비를 하는 데 많은 부담을 갖고 시무룩해하였다. 좋은 취지로 한 수업이지만 오히려 예습을 잘한 학생과 기본만 한 학생을 구분하는 역효과를 낳았다.

사례 53 **발표 수업으로 자신이 담당한 내용에서 자기주도적 학습의 효과를 얻었지만,**
다른 부분에 대해 동료의 발표만으로는 학습내용을 제대로 이해하지 못함

고등학교 때 ○○수업은 발표와 토론 위주로 진행되었다. 이전 시간에 다음 수업 주제를 하나 정해 학습한 후, 본 수업시간에는 발표와 토론 및 선생님의 추가설명으로 진행되었다. 우리는 내용을 미리 예습하고 유익한 발표 자료를 제작하며 질의응답에 대비하는 과정 속에서 각자가 맡은 분야에 대해 깊이 있는 자기주도학습을 할 수 있었다.

하지만 **50분의 수업을 준비하는 데 5시간 이상을 투자하게 되면서 힘들었다. 또 일부 학생들은 발표준비가 부족하여 수업을 통해 얻어 가는 것이 없을 때도 있었다.** 게다가 발표에 자신이 없는 학생은 열심히 발표준비를 해 와도 동료들에게 제대로 내용을 설명해 주지 못해 이해하기 힘들었다. 마지막으로, **실제 시험에서는 수업시간 발표에서 다루지 않았던 내용이 포함되어서 처음부터 다시 공부해야 되는 불편함도 있었다.** 반별로 진도가 달라서 형평성에 대해 의문이 들기도 했다.

결론적으로 이 수업은 학생이 스스로 내용을 학습하고 동료에게 설명하기 위해 노력하는 과정에서 어느 정도 깊은 이해를 할 수 있지만, **내가 맡지 않은 내용에 대해서 동료의 발표를 듣는 것만으로는 부족하고 추가적으로 시간과 노력이 많이 필요하다는** 사실이 아쉬웠다.

이 수업을 통해 교수·학습 방법에 관심을 갖게 되었다. 왜냐하면 교수·학습 방법은 좋은 학습효과를 낼 수 있는 도구이기 때문이다. 나중에 선생님의 수업방법이 '플립 러닝'이라는 것을 알게 되었고 플립 러닝의 장단점과 특성을 찾아보면서 다른 새로운 수업방법에 대한 공부도 하게 되었다.

사례 54 수학교과서 전체를 노트에 정리하는 과제를 통해 개념을 이해시키려는 선생님의 의도와 달리 학생들은 과제를 귀찮게만 여기고 시간낭비라 생각함

고등학교 때 수학 선생님은 문과반 학생들이 수학을 싫어하는 것을 우려하며 우리들에게 자기만의 쉬운 **개념노트**를 만드는 과제를 냈다. 이것은 수학교과서를 처음부터 끝까지 스스로 정리하고 평소 공부하면서 개념을 정리해 놓고, 문제를 풀면서 모르는 게 있을 때마다 이 노트를 보며 문제를 이해하라는 취지였다. 선생님은 그렇게 우리들이 수학의 개념을 체계적으로 정리하고 차근차근 훑어볼 것을 의도하였다.

하지만 **왜 그러한 과제를 해야 하는지 모르는 대부분의 학생에게 이 과제는 글씨 쓰기 연습, 종이 낭비, 시간 낭비에 불과했다.** 그저 점수를 받기 위해 어쩔 수 없이 하는 수행평가가 되어 버렸다. 그렇게 수학은 어려운 데다가 귀찮고 시간 낭비의 비효율적인 과목으로 전락하였다.

사례 55 선생님의 무작위 발표 수업으로 언제 지목될지 모른다는 두려움에 수업에 대한 부담이 커지고 수업시간이 싫어짐

고등학교 때 영어 선생님은 **매시간 학생을 지목하여 지문을 한 줄씩 읽고 해석하도록 하는 수업**을 하였다. 선생님은 학생이 딴짓을 못 하고 **긴장과 집중을 유도**해서 독해력을 향상시키려는 목적으로 이러한 수업을 하였다. **그러나 나는 오히려 발표 공포증이 생겨 버렸다.** 언제 내 이름이 불릴지 모른다는 생각과 실수를 했을 때의 두려움이 커서 연습을 미리 했음에도 불구하고 평소보다 더 제 실력을 발휘할 수 없었다. 원래 영어를 잘하지 못해서 **자신감**이 없었는데, 무작위로 학생을 지목하고 지문을 해석하는 수업방법 때문에 영어시간이 더 싫어졌다.

사례 56 앞에 나와 문제를 풀게 하는 수업방식에 처음에는 부담감을 가졌지만, 이후 성취감을 느끼며 점점 수학에 관심을 가짐

고등학교 수학시간 선생님과 있었던 경험이다. 고등학교 3년 내내 그분께 수업을 들었는데, **선생님은 항상 수업시간에 학생들에게 칠판에 나와서 문제를 풀게 하였다.** 문과반인 우리는 수학을 좋아하는 아이든 싫어하는 아이든 앞에서 나와서 문제풀이하는 수업을 싫어했다. 수학에 관심이 없어 수업시간에 자주 자는 학생들이 꼴 보기 싫었던 것인지 아니면 수업하는 것이 귀찮았던 것인지 잘 모르겠지만, 선생님은 자는 학생이 있으면 칠판에 문제를 적고 자는 학생을 나와서 풀게 하였다.

앞에 나간 대부분의 학생들이 제대로 못 풀 때가 많았다. 그러면 선생님은 문제를 **제대로 풀 때까지 계속해서 앞에 있게** 하였다. 어떤 날은 학생들이 앞에 나와서 문제를 풀이하는 것으로 수업시간 전체를 사용하기도 하였다.

나는 처음에 선생님의 수업방식이 이해가 되지 않았다. 하지만 **시간이 지나면서 내가 앞에 나가서 문제를 풀어낼 때마다 성취감을 느꼈고, 그러한 경험이 쌓이면서 점점**

수학에 관심을 갖게 되었다. 나 말고도 일부 학생들도 그렇게 수학에 관심을 갖게 되어 열심히 공부했고, 그 결과 수능에서 좋은 결과를 얻었다.

사례 57 **앞에 나가 동료들에게 나의 문제풀이를 설명하는 수업을 하면서 수학실력이 향상되고 교사의 꿈을 가짐**

고등학교 3년 내내 수학 선생님은 수업시간에 미리 과제를 내주고 잠시 후 학생들이 **칠판 앞에 나가 자기가 문제를 어떻게 풀었는지 동료들에게 설명하도록 하는 수업을 하였다.** 처음에는 앞에 나가서 문제를 풀고 설명을 할 때 당황하거나 설명 과정에서 서툴러서 부끄러웠다.

하지만 **시간이 지나면서 문제를 동료들에게 어떻게 하면 잘 설명할까 고민하게 되었다.** 그러면서 더 효과적인 풀이방법을 찾으려고 노력도 하고, 궁금한 점이 생겼을 때는 동료들에게 질문을 하여 답을 구하였다. 혼자서 단순히 문제를 풀고 채점만 하는 것이 아니라 동료들과 상호작용하는 활동에 흥미를 느끼게 되었다.

시간이 지날수록 당황하지 않고 차분한 태도로 설명을 하고 가끔씩 좋은 문제풀이를 보여 주어 동료나 선생님으로부터 인정과 칭찬을 받을 만큼 수학실력이 향상되었다. 앞에 나와서 문제풀이 활동을 하면서 **수학공부에 있어 중요한 것은 단순히 문제를 맞히는 것보다, 전체적인 풀이과정을 잘 이해하는 것임을 알게 되었다.** 그렇게 많은 것을 깨달으며 **수학교사의 꿈을 갖게 되었다.**

사례 58 성공적인 발표 수업 경험을 통해 동료들 앞에서 발표하는 것에 자신감을 가짐

고등학교 문학시간에 선생님께서 "다음에는 너희들이 직접 동료들에게 수업을 해 보자"라는 말씀을 하였다. 처음에는 나도 그렇고 학생들이 생각하기에 **직접 앞에 나가 동료들 앞에서 수업을 한다는 것이 부끄럽고 부담스러워** 제대로 못할 것 같아서 아무도 한다는 학생이 없었다. 그런데 수업이 끝난 후, 쉬는 시간에 친한 친구가 "우리가 먼저 같이 발표해 보자"라는 제안을 해 같이 발표하기로 했다.

우리는 어떤 작품을 수업할 것인지 정하고 각자 집에서 프레젠테이션을 만들며 수업 준비를 한 후, 다음 문학시간에 손을 들고 발표를 했다. 선생님은 우리 반에 지원자가 아무도 없을 것이라고 생각했는데 열심히 준비를 하였다고 칭찬을 해 주었다.

이후로 반에서 발표 수업에 참여하는 학생들이 많아졌다. **이 경험으로 자신감을 얻어서** 수학시간에 친구들 앞에서 문제를 풀며 설명하기도 하고, 영어시간에도 작문해석을 설명하는 등 **동료들 앞에서 발표하는 것을 부끄러워하지 않게 되었다.**

사례 59 열심히 준비한 발표 수업에서 동료들과 교사의 칭찬을 받고 보람을 느낌

고등학교 사회시간에 서머타임제에 대해 배우고 있었다. 내용이 어려워 우리는 선생님의 반복된 설명에도 고개를 갸우뚱거리고 있었다. 그러자 선생님은 사회 교과부장이었던 내게 다음 시간까지 **동료들에게 서머타임제에 대해 설명하고 이해시킬 수 있도록 학습해 올 것을 요구하였다.**

집으로 돌아온 나는 교과서를 여러 번 정독하고, 인터넷을 찾아본 끝에 친구들이 잘 이해할 수 있을 만한 그림을 만들었다. 그렇게 만든 자료로 당시 중학생이었던 동생을 상대로 설명을 해 보며 내가 만들어 낸 모형이 교과서보다 이해가 쉽다는 확신을 갖고 다음 시간을 맞이했다.

그리고 수업시간에 교실 앞으로 나가서 선생님과 동료들에게 내가 만든 모형을 보여 주며, 서머타임제의 원리를 설명하였다. 설명이 끝나자 **친구들은 완벽히 이해되었다며 내게 잘 가르친다고 칭찬을 해 주었고, 선생님도 학생들 눈높이에 맞춰 쉽게 잘 설명했다고 칭찬**하며 내가 준비했던 자료를 다른 반에서도 활용하겠다고 가지고 갔다.

나름의 연구 끝에 가르친 것에 친구들이 잘 이해하는 모습을 보니 굉장히 뿌듯하였다. **발표를 통해서 내가 가르치는 것에 흥미와 소질이 있다는 사실을 깨닫고 교사를 장래희망으로 생각하게 된 소중한 경험이 되었다.**

사례 60 무작위로 호명하여 발표하는 수업을 준비하면서 예습이 습관화되고 학력이 향상됨

고등학교 때 영어선생님은 모든 학생을 수업에 참여시킬 의도로 수업 도중에 무작위로 많은 학생을 호명하여 발표를 시켰다. **평소 동료들 앞에서 발표를 잘하고 싶은 나에게 선생님의 수업방식은 긍정적으로 영향을 미쳤다.**

내가 지목될 수 있다는 생각에 수업 전 항상 본문 내용을 미리 예습했고, 아직 배우지 않은 문법도 열심히 공부했다. 그러면서 예습이 자연스럽게 습관화되고 영어실력이 많이 향상되었다.

〈해설 및 이론〉

이 사례의 경우 발표 수업이 기대하는 이상적인 교육적 효과를 거두었다. 그러나 많은 경우 이런 발표 수업은 학생들을 지나치게 긴장하게 하거나, 부담이 지나쳐 오히려 수업에 대한 학생들의 참여를 떨어뜨릴 수도 있다. 따라서 발표 수업을 운영할 때는 학생들의 실수나 교과내용에 대한 기초지식의 부족을 항상 염두에 두고 허용적이고 격려하는 분위기로 수업을 운영해야 한다.

사례 61 교사의 격려와 수용적인 태도로 발표 부담감이 줄고 자신감을 가짐

초등학교 때 나는 학교에서는 거의 말을 하지 않는 학생이었다. 그래서 사람들 앞에서 발표를 하거나 내 의견을 제시하는 일이 무척 힘들었다.

그러다 초등학교 ○학년 때 만난 담임 선생님은 수업시간에 정답을 찾기 위해 열심히 문제를 푸는 우리에게 **'어떤 문제든 절대적인 정답은 없다'**라는 말을 자주 하였다. 선생님의 말을 여러 번 듣다가 문득 든 생각이 어쩌면 내가 생각하는 것도 하나의 답이 될 수 있지 않을까 하는 생각이 들었다.

한 번은 우연히 내가 발표를 하였는데, 선생님은 **"그래, 너처럼 그렇게 생각할 수 있겠다"**라고 말씀하며 격려해 주었다. 선생님의 격려를 듣고 **발표에 대해 부담이 많이 줄었고, 그 후부터는 점점 내 의견을 자신 있게 말하는 용기를 갖게 되었다.**

사례 62 교사가 학습내용에 대한 정치적 중립을 유지함으로써 학생이 자신의 가치관과 역사관을 정립할 기회를 갖게 됨

고등학교 때 사회 선생님은 과거 정권 부분을 가르칠 때 **선생님의 개인적인 생각은 일절 얘기하지 않고 객관적인 사실 위주로만 수업을 하였다.** 예를 들어 ○○정부 단원에서 ○○대통령의 이런 면은 좋고 저런 면은 좋지 않다는 것을 가르치는 대신, ○○정부는 반공과 경제 성장으로써 정권을 유지하려고 했다는 객관적 사실만 말씀하였다.

선생님이 공무원이어서 함부로 정치적인 말을 하면 안 되기 때문에 자신의 생각을 말하지 않았던 것 같기도 하지만, 객관적 사실만을 다루는 수업을 통해 선생님의 가치관, 역사관이 학생들에게 주입되지 않고 객관적인 사실만을 공부하면서 **나 자신의 가치관, 역사관에 대해 정립할 기회를 갖게 되었다.**

〈해설 및 이론〉

요즘의 학교에서는 학습자중심 수업을 강조하면서 다양한 교수·학습 활동이 이뤄지고 있다. 수학시간에 학생에게 그날 배운 공식을 응용해 문제를 풀어 보게 하는 등 즉시적으로 학생의 반응(행동)을 요구하는 수업방식은 고전적인 방법에 속하고, 개인이나 모둠별 발표 수업, 거꾸로 수업 등 다양한 형태의 학생 참여형 교수·학습 활동이 이뤄지고 있다.

학생중심 교수·학습 활동은 학생의 숨겨진 재능과 소질을 개발하는 기회가 되고, 학생의 학습의욕을 불러일으켜 학습태도 개선과 학력 향상에 도움을 줄 수 있다. 또

교사와 학생 사이의 상호작용이 활발해지고 학생의 학습에 대한 참여와 집중을 높여 수업에 대한 만족도를 높이기도 한다. 특히 학생의 자기주도적 학습 역량에 대한 평가와 과정중심 평가가 강조되면서 학생 참여 활동은 더욱 장려되는 추세이다.

그러나 학생 참여형 교수·학습 활동이 효과를 거두려면 교사의 세심한 준비와 지도가 필요하다. 먼저 교사가 사전에 학생의 수준을 명확히 파악하고 학습내용을 재구성해야 한다. 특히 거꾸로 수업은 학생이 학습내용을 먼저 예습해 오고, 수업 시간에는 중요 내용에 대한 보충설명과 문제풀이(탐구수업) 형태로 이뤄지는 경우가 많은데, 모든 학생들이 사전에 충분히 학습내용을 이해하고 준비할 수 있도록 학생 수준에 맞는 안내 자료를 준비해 일관성 있게 주기적으로 제공해야 한다.

다음으로 중요한 것은 학생에 대한 교사의 적절한 **피드백**이다. 참여형 수업에 대해 좋지 않은 기억을 갖고 있는 학생들의 경우 대부분이 자신이 하는 활동에 대해 교사로부터 격려나 실수에 대한 보충설명 등 적절한 피드백을 받지 못했다고 생각한다.

교사가 시켜서 동료들 앞에 나가 과제를 수행하는 부담스러운 상황에서 학생의 긴장을 덜어 주지 않고 단순하게 과제와 역할만 부여하는 것은 학습 의욕을 저하시키고 스스로에 대한 자신감을 낮춰 결과적으로 활동 전체에 대한 부정적 인식을 강화시킨다. **발표과정에서 학생의 작은 행동에도 격려나 교육적 보상을 준다면 학생의 긴장과 부담을 많이 완화시킬 수 있다.** 또 앞에 나오지 않은 학생들에게도 **발표자의 행동이 얼마나 의미 있고 가치 있는 행동인지 인식시켜** 준다면, 이후에 앞에 나올 다른 학생에게도 많은 격려와 동기부여가 된다.

차. 기타 사례

사례 63 **과학중점 고등학교에서 이과중심 교육과정 운영으로 문과생들은 차별감, 소외감을 느끼고 낮은 소속감을 가짐**

과학중점 고등학교는 일반 고등학교와는 다르게 문·이과반 외에 **과학중점반을 운영하여 수학과 과학 심화학습을 하였다.** 과학중점반의 학생들은 3년간 과학·수학 교과를 총 이수단위의 45% 이상 이수해야 했고, 비교과 영역에서 교내대회, 학교행사 같은 과학, 수학 관련 다양한 프로그램이나 활동을 하였다. **나는 과학중점 학교의 교육과정에 대해서 불만이 많았다.** 이유는 문과생을 위한 프로그램이 상대적으로 부족하였기 때문이다. 예를 들어 외국 자매결연 학교와 교류하며 공동수업을 하는 프로그램이 있었는데, 글쓰기, 강연 듣기 등 문과의 프로그램은 적었고, 과학 관련 프로그램은 훨씬 많이 적용되었다.

학교에 대한 소속감도 느끼지 못하였다. 한 학생이 문과 교육과정에 대해서 험담을 하며 지나가는 장면을 목격한 적이 있었다. 과학을 중점으로 운영하는 교육과정과 프로그램에서 **문과생으로서 차별을 느꼈다.** 과학을 특별히 강조하는 학교의 정책으로 인한 결과였다. 학교는 좋은 의도로 하였지만 우리는 학교가 문과생에게 신경을 덜 쓴다고 생각하였고 그래서 불만을 가진 것이다.

사례 64 **영어 읽기수업에서 발음이 좋은 아이는 자신감을 느꼈으나 그렇지 않은 아이는 부끄러움을 느낌**

고등학교 3년 내내 같은 선생님께 영어를 배웠다. 그런데 선생님은 매번 수업방식이 교과서 본문을 3단락으로 나누고 반 학생 중 3명을 **무작위로 뽑아 본문을 읽게 하였다.** 텍스트를 읽을 때 자신의 영어 발음이 좋다고 생각하는 학생은 자신감 있게 읽었지만 자신의 영어 발음이 좋지 않다고 생각하는 학생은 부끄러워서 목소리도 작게 하여 읽었다. **학생들은 발음이 틀리면 창피함을** 느꼈다.

<해설 및 이론>

위 사례에서 교사의 격려와 긍정적인 피드백이 필요하다. 교사는 피드백을 할 때 발음이 나쁘거나 잘못된 발음을 하거나 고칠 부분만 짧게 교정하는 것이 좋다. 수업 외 따로 만나서 교정연습을 하거나 자신감을 갖도록 긍정적 격려를 하는 것도 좋다. 아이들 앞에서 잘못된 점을 지적하거나 다른 군더더기 말이 많으면 아이를 비판하거나 위축시키는 말로 들릴 수 있다.

사례 65 **무더운 여름 학생들을 위한 의도로 야외수업을 하였으나 결과적으로 학생들은 싫어하였고 교사를 미워하게 됨**

무더운 여름날 에어컨이 작동되지 않고 선풍기에서는 더운 바람이 나와서 교실은 땀 냄새로 가득 찼고 불쾌지수는 매우 높았다. 학생들은 덥다고 투덜대고 열심히 부채질하며 땀을 식히고 있었다. 선생님은 교실에 들어오면서 "아유, 땀 냄새 많이 나네"라고 말하였다.

우리는 '오늘 이렇게 더운데 설마 야외수업을 할까?'라고 생각했다. 그러나 **선생님은 "오늘 야외수업하자!"라고 말하였고 학생들은 제발 다시 생각해 달라고 간청하였다.**

그러나 선생님은 "너희 나이 때는 밖에서 뛰어놀아야 해. 나가서 자연을 느껴 보자. 밖에 나가면 싱그러운 풀 내음을 좋아하게 될 거야"라고 말씀하시며, 그 더위에 우리를 무조건 밖에 데리고 나가셨다.

물론 선생님이 우리를 일부러 힘들게 하려는 게 아님을 안다. 선생님은 더위에 지친 우리를 생기 있게 하려는 의도였다. 또한 선생님은 우리와 소통하려고 노력하는 좋은 선생님이었다.

하지만 밖으로 나간 우리는 땀을 닦으며 교실로 돌아갈 기회만 호시탐탐 노렸다. 일부 아이들은 음료수를 사 먹는 등 분위기가 어수선하였다. 나 역시 생기가 돋기는커녕 **더위에 지쳐서 여름이 더욱 싫어졌다.** 모두 도망가고 몇 명만 남은 우리를 보고 선생님은 당황해서 웃기만 하였다. **당시엔 선생님의 웃는 모습도 미워 보였다.** 아이들을 위한 교사의 열정이 의도치 않게 힘들게 한 경험이었다.

<해설 및 이론>

교사의 일방적인 열정이 때로 학생에게 상처를 주거나 힘들게 할 수도 있다. 이 사례는 경험이 부족한, 그러나 열정만은 최고인 초임교사가 가끔 경험할 수 있는 일이다. 아이의 눈높이를 맞추지 못하고, 상호교감하지 못하는 교사가 자신이 옳다고 생각하는 것을 일방적으로 추진할 때 의도하지 않게 나타날 수 있는 일이다.

비슷한 사례로 학생들의 영어실력 향상을 위하여 교사는 매일 단어시험을 보고, 점수가 낮은 학생의 실력향상을 위하여 방과 후에 함께 남아서 열심히 가르친다. 누가 그렇게 하라고 한 것도 아니지만 교사는 열정적으로 학생을 교육한다. 그러나 의도하지 않게 몇몇 학생은 시험에 스트레스를 받고 방과 후 나머지 공부에 또 스트레스를 받는다. 교사의 열정과 좋은 의도는 이해하지만 의도하지 않게 일부 학생은 힘들어한다.

따라서 내 생각과 추진하는 방향이 설령 옳다고 판단되더라도 이것으로 인하여 혹시 힘들거나 상처받는 학생이 없는가를 고려하는 것이 필요하다.

사례 66 탐구수업 방식으로 소요되는 시간이 아깝고, 시험 준비에 도움이 되지 않는다고 생각하면서 탐구수업에 흥미를 잃음

고등학교 때, '수학을 탐구하는 것'에 대단한 자부심을 가진 30대 초반의 수학 선생님이 있었다. 선생님은 학습내용과 관련되는 수수께끼 같은 매우 어려운 문제를 준비하여 우리에게 풀게 하였다. **멘사 또는 수학 올림피아드에 나온 문제라고 하면서, 수업시간의 절반 이상을 해당 문제풀이에 사용**하였다. 답을 맞추지 못했지만 풀이 방법이라도 생각해 내면 사탕이나 초콜릿 등을 주었다.

처음에는 수업방식이 마음에 들었다. 문제풀이의 30-40분은 자습과 다름없었고, 간혹 운 좋게 풀이가 맞으면 사탕을 받았기 때문이다. 딱 한 번 답까지 맞춘 적이 있었는데, 교무실까지 불려가 똑똑하다며 칭찬을 듣고 기분이 좋았다.

하지만 **시간이 지날수록, 수업 흥미도가 떨어졌다.** 특히 시험기간이 다가오면 더 그랬다. **10-20분 정도만 학습내용과 간단한 문제를 풀고 난 후, 나머지 시간을 어려운 문제풀이에 혼자서 자습하면서 사용하니 시간이 아까웠다.** 자습이야 야자시간에 많이 하므로, **수업시간에는 어려운 문제의 풀이를 하거나 개념에 대한 자세한 설명을 듣고 싶었다.**

나는 수학 탐구나 연구를 하고 싶은 것이 아니었다. 당장의 중간시험, 기말시험 그리고 수능 준비를 위해서 스스로 탐구하는 것이 아니라 선생님의 지도와 설명을 원했다. 혼자서 고민하고 생각하는 그런 수업은 나에게 탐구가 불필요한 것이라는 인식만 심어 주었다.

대학에 와서 탐구학습이 수업모형으로 존재하며 학습자의 문제해결능력 향상에 좋다는 것도 알았다. 하지만 나는 지금까지 좋은 대학에 입학하기 위해서는 고교 성적이 중요하며, 늦어도 고등학교 2학년 때부터는 수능 준비를 해야 한다고 배웠다. 이런 상황에서 **탐구수업은 문제해결능력이나 수학에 대한 동기를 높이기보다, 오히려 마음을 조급하게 만들고 시험공부를 할 때 혼란스럽게 했다.** 그래서 더욱 수학 탐구수업에 흥미를 잃었다.

학습내용을 고려하여 수업모형이나 교수·학습 방법을 다양하게 사용하는 것이 필요하다. 아이들이 지루함을 느끼거나 학습내용이 어려워 수업을 따라가지 못하는 경우 다른 수업모형이나 교수·학습 방법을 사용하는 것이 필요하다. 경우에 따라서는 교사중심의 설명식 수업이나 직접교수법(Direct Instruction)도 효과적이다.

이 사례에서 심화 문제풀이는 희망하는 아이에게 선택적으로 실행할 수 있을 것이다. 또는 매 수업, 모든 수업시간을 탐구학습 모형으로 운영하는 것이 아니라 마지막 10분 정도를 심화 또는 보충 문제풀이 시간으로 활용하는 것도 방법일 것이다.

사례 67 **미술 실기수업에서 아이는 조언을 구했을 뿐인데 교사가 모두 다 그려서 당황스러움과 허탈함을 느낌**

고등학교 미술시간이었다. 미술선생님은 과묵하고 나이 많은 남자 선생님이었다. **선생님은 보통 이론 설명은 거의 없이 수업이 시작되면 아이들에게 할 것을 알려 주고 미술실 옆 본인 사무실에 있다가 가끔 나와 둘러보곤 하였다.**

한번은 잡지에서 마음에 드는 사진이나 그림을 골라 아크릴을 사용해 그리는 수업활동을 하였다. 내 그림은 이미 웬만큼 채색까지 되어 있는 상태였다. 잡지 사진과 비슷하게 색감을 넣고 강조할 부분도 모두 손을 댄 것 같은데도 완성된 느낌이 들지 않았다. 뭔가를 더 해야 할 것 같은데 어느 부분에 어떻게 무엇을 더 해야 할지 몰랐다.

마침 그때 선생님께서 사무실에서 나오시는 것을 보고 그림을 어떻게 하는 게 좋을지 물어보았다. 선생님은 하얀 물감을 아크릴 판에 쭉 짜더니 빨간색을 약간 섞어 거의 하얀색의 물감으로 하늘을 뒤덮다시피 칠하였다. 내가 칠했던 빨강 느낌의 연핑크 하늘은 순식간에 사라졌다. 그리고는 검정 물감으로 지평선을 그었다. 들판의 핀 꽃은 빨강의 원색을 그대로 사용하여 그렸는데, 내가 보기에 그냥 몇 번 휘적거린 것 같아 전혀 꽃처럼 보이지 않았다. 그냥 크고 빨간 점과 선 같은 느낌이었다. **그런 식으로 몇 번 획획 하더니, 필(feel) 받으셨는지 그림을 아예 완성해 버렸다.**

나는 조언을 구한 것뿐인데, 선생님이 모두 완성하니 매우 당황스러웠다. 그리고 선생님은 다른 아이의 그림을 보러 유유히 사라졌다. 그림을 보니 잘 그린 완성작이었지만 내 것이 아니었다. 그것은 그냥 선생님 작품이었다. '선생님은 붓질 몇 번에 완성하는 것을 나는 몇 시간 동안 공들여 뭘 한 거지?'라는 **허탈함을 느꼈다.** 나중에 잘된 그림들은 학교 축제 때 따로 전시되었는데, 선생님은 내 그림을 선택했고 내 이름으로 전시되었다. **기분이 이상했다.**

〈해설 및 이론〉

교사의 과도한 개입보다 비고츠키의 **근접발달이론(ZPD)**에 기초하여 아이가 모르거나 어려워하는 부분만 조언하는 스캐폴딩(scaffolding)이 필요하다. 스캐폴딩은 과제수행 도중 학습자가 문제에 봉착하면 전문가가 모델링, 피드백, 공동 과제 수행 등을 통해 도움을 주는 것이다. 스캐폴딩은 필요한 경우만 제공하고, 학습자가 과제수행에 익숙해지면 차츰 줄여 나간다. 스캐폴딩은 학습자의 근접발달영역 내에서 도움을 주는 것이 좋다.[19]

사례 68 **자신의 실수나 잘못을 인정하지 않는 교사의 태도에 분노를 느낌**

나의 고등학교 국어수업은 주입식 교육의 표본이었다. **선생님이 국어 지문을 한 문장씩 분석하면 우리는 조용히 필기하고 암기만 했다.** 그렇게 배우고 중간시험을 치렀다. 선생님이 적어 주신 문법 예시가 시험문제로 나왔다. 문제를 보자마자 답을 적었다. 시험시간 말미에 답을 검토하다가 그 문제의 답이 이상하다고 생각했다. 조금만 생각해도 답이 '목적어' 관계라는 것을 알 수 있었다. 혼란스러웠다. 나만 필기를 잘못했나? 아니면 내가 잘못 생각하는 것인가? **내가 생각한 것이 맞다고 해도 선생님이 적어 주신 대로 답을 적어야 하나? 고민이 들었다.** 하지만 나의 답에 확신이 들었고 내가 생각한 대로 답을 적어야 후회가 없을 것 같아 끝내 답을 '목적어'로 적었다.

시험이 끝나고 배부된 답안지에 선생님이 적어 준 대로 답은 주어, 부사어라고 적혀 있었다. 친구들과 얘기해 보니 그들 역시 목적어가 맞다고 생각했지만, 선생님이 적어 준 대로 답을 부사어로 적었다는 것이다.

우리는 답이 잘못되었다는 증거들을 모아서 선생님께 제출했지만 선생님은 눈길도 주지 않고 바쁘다며 교무실에서 나가라고 했다. 교사 지위를 마치 **상하관계인 듯 생각하고 자신의 생각이 곧 진리라고 생각하는 선생님의 모습에 충격을 받았다.** 선생님은 일주일 동안 학생들의 의견을 무시했고, 교장 선생님께 정식으로 건의한 후에 답이 틀렸음을 인정하였다. 10년 전 교사용 지도서에 적혀 있는 오답이 수정된 것을 몰랐다고 하였다. 그 순간 **나는 화가 나고 선생님이 인간적으로 비겁하고 교사로서 자질이 없다고 생각했다.** 또한 비판적 사고 없이 기계적으로 받아들이기만 하는 수업방식에 문제가 있음을 알게 된 경험이었다.

〈해설 및 이론〉

교사가 자신의 실수, 잘못, 모르는 것을 인정한다고 해서 교사의 권위가 실추되는 것은 아닐 것이다. 오히려 자신의 실수나 모르는 것을 인정할 때 교사의 권위와 아이들의 교사에 대한 신뢰가 높아질 것이다.

획일적이고 엄격한 노트필기 검사에 피곤하고 싫증을 느낌

중학교 때, 0.5mm 빨강, 파랑, 검정 볼펜은 필수였다. 선생님은 칠판에 필기를 하고 교과서 여백에 칠판의 필기 내용을 적은 것을 검사하였다. 만약에 **다른 색 볼펜을 사용하거나 0.5mm가 아닌 다른 볼펜을 사용하면 태도점수를 감점하였다.** 심지어 모든 준비물을 갖추고 필기하여도 **필기 상태가 더럽고 판단되면 태도점수를 감점하였고, 누가 보아도 필기를 더럽게 하면 교과서의 해당 페이지를 찢어 버렸다.**

학습능력 향상을 위해 해당 내용을 필기하게 하려는 의도이지만, 우리는 **선생님이 정한 형식적 프레임으로 교과서 정리를 하는 것이 힘들고 싫증이 났다.** 또한 정리가 잘된 교과서는 항상 도난의 위험에 노출되었다.

국어 고전작품을 설명하면서 당시 역사적, 시대적 상황을 중심으로 설명하여 재미있었지만 문학작품 이해보다 역사적 사실에 치중되어 정작 중요한 내용은 소홀히 다루어짐

고등학교 때, 용비어천가와 같은 고전 문학작품은 문장이 길고 고어가 많아서 학생들이 어려워하였다. 또한 당시의 역사적, 시대적 상황에 대한 배경지식을 모르면 작품을 완전히 이해하기 어려웠다. **선생님은 학생들의 이해를 높이고자 역사적 배경지식과 함께**

작품을 설명하였다. 학생들은 선생님의 당시 역사적, 시대적 상황에 대한 설명을 들으면서 수업에 푹 빠졌고, 국어수업보다 역사수업을 듣는다는 생각으로 수업에 임하였다.

그러나 당시의 시대적 상황이나 사건에만 치중하다 보니 문학적 관점에서 작품을 제대로 이해하지 못하였다. 또한 정작 한국사 수업에서는 국어시간에 들었던 내용과 다른 부분이 많아서 혼란스러웠다.

〈해설 및 이론〉

이 수업은 시도는 좋으나 핵심인 작품의 이해라는 목표달성을 소홀히 하고 부차적인 배경지식 설명에 치중하였다. 애초에 수업설계가 학습목표를 정향하지 못한 것이다.

수업시간에 교과서의 학습내용보다 시대적 배경상황을 주로 다루고, 시험에서 학습내용 위주로 평가한다면, 아이들은 수업과 평가가 서로 불일치한다고 생각한다. 이것은 평가의 타당성이 결여된 것이다. 평가의 타당성을 높이기 위해서는 학습목표와 핵심 학습내용을 중심으로 수업하고 평가하는 것이 필요하다.

사례 71 **학생들의 요구를 무시하고 교과의 일부 영역에만 편중된 수업으로 학생들의 흥미가 저하됨**

고등학교 때 음악선생님은 이론은 어렵다고 하면서 학기 초부터 **거의 매시간을 가창 수업만 하였다.** 선생님은 우리들이 현실에서 불필요한 이론을 외우는 것보다 노래 하나라도 제대로 불렀으면 좋겠다고 하면서 가창수업을 계속 진행하였다. 그렇게 1학기 내내 어떤 독일곡 하나를 완벽하게 부를 때까지 계속해서 하루에 가사 한 줄씩 가창을 반복하였다.

이런 수업방식에 학생들은 불만을 토로하였다. 그래서 선생님에게 이론수업은 하지 않느냐고 물으면, 여전히 이론은 어렵다면서 **가창수업만 계속하였다.** 우리들의 요구를 반영하지 않았기 때문인지 몰라도 **아이들의 음악에 대한 흥미가 점점 떨어졌고** 일부 학생들은 선생님을 욕하기도 하였다. 나도 노래 부르는 것을 좋아하였지만 음치에 대한 약간의 콤플렉스가 있어서 가창 연습 때 스트레스를 받았다.

사례 72 전적으로 학생 자율에 맡긴 수업이 어느새 '노는 시간'으로 변질되어 선생님의 의도와 다르게 전개됨

중학교 1-2학년 체육시간은 무용이나 태권도, 배구, 농구 같은 종목의 이론, 동작연습 반복, 수행평가로 구성되어 별 재미가 없었다. 그런데 3학년 때 바뀐 체육선생님은 이론 적으로 체육을 공부하거나 수행평가를 위해 연습하는 수업이 아니라, 몸을 많이 쓰며 직접 경기하면서 경험을 쌓는 수업을 지향하였다. 그래서 **다양한 운동과 활동을 많이 할 것을 요구하며 자율시간을 많이 주었다.** 그래서 아이들은 농구, 배드민턴, 족구 등 다양한 운동과 활동을 하였다.

하지만 이러한 모습은 오래가지 못했다. 자율시간은 일부 학생에게 '노는 시간'으로 변질되었기 때문이다. 점점 운동이나 활동을 열심히 하는 학생들이 줄어들었고 귀퉁이에 모여 이야기하면서 시간을 때우거나 심지어 운동 대신 다른 과목을 공부하는 아이도 있었다. 반대인 상황도 있었다. 나는 배드민턴을 좋아해서 체육시간마다 배드민턴을 했는데 매주 반복되다 보니 체육시간을 아예 배드민턴 시간으로 여기며 보냈다. 나뿐만 아니라 다른 학생들도 대부분 체육시간에 각자 좋아하는 운동만 하며 시간을 보냈다.

이론 수업 대신 직접 운동을 하면서 체육에 대한 흥미와 적극적 참여를 이끌려고 했던 **선생님의 의도와 다르게, 체육시간을 쉬는 시간이라고 여기고 참여하지 않거나 한**

활동에만 치우쳐 다양한 활동을 하지 않는 결과가 나타났다. 그 모습을 보면서 '교사의 개입이 적고 학생에게 자율적으로 맡기는 수업이 좋은 수업은 아닐 수 있구나'라고 생각하였다.

<해설 및 이론>

학생들이 수업목표와 교사의 의도를 분명히 이해하는 것이 필요하다. 이 사례는 수업목표와 교사의 의도를 아이들이 명확히 인식하지 못하였기 때문에 발생한 결과이다. 자율활동을 하는 이유를 수업목표 달성 측면에서 분명히 설명하고 수업을 운영한다면 참여하지 않거나 좋아하는 활동만 하거나 쉬는 시간으로 인식하는 아이는 없을 것이다.

또한 수업의 운영이 교사의 의도와 다르게 흘러갈 때, 교사는 빠르게 대책을 세우고 수업이 원래 의도한 방향으로 진행되도록 개입해야 한다.

사례 73 사회 수업에서 역대 정부에 대한 긍정적, 부정적 측면을 모두 다루었지만, 결과적으로 부정적 측면만 기억하게 됨

고등학교 역사시간 현대사 부분에서 이승만 정부에 대해 배웠다. 선생님은 교과서 수업을 한 후 이해를 돕기 위해서 동영상 자료를 보여 주었다. **선생님은 어떤 인물이나 사건의 한 면만을 보고 판단하면 안 된다고 하면서 이승만 정부를 긍정적으로 평가한 영상과 부정적으로 평가한 영상 두 개를 보여 주었다.**

그러나 나는 오로지 부정적으로 평가한 영상만 기억에 오래 남았고 그래서 이승만 정부에 대한 부정적 생각이 굳어졌다. 그때 배운 이승만 정부에 대한 긍정적 내용은 잘 기억나지 않지만 부정적인 느낌은 아직도 생생하게 기억하고 있다. 선생님은 균형 잡힌 시각으로 역사를 평가할 것을 의도하면서 동영상을 준비하였지만, 오로지 나는 부정적인 시각으로만 이승만 정부를 평가하고 기억하게 되었다. 지금 생각해 보면 그때 그렇게 생각할 수밖에 없었던 몇 가지 이유가 있었다.

우선 **부정적으로 평가한 영상 상영시간이 더 길었고 상대적으로 질이 좋았다.** 둘째, 긍정적 평가 영상 후에 부정적인 평가 영상을 보아서 결국 **수업의 마무리는 부정적인 인식으로 끝이 나서 그 영향을 받았다.** 또한 수업이 끝난 후 급우들과 동영상에 대해 이야기하면서 **이승만 정부에 대한 반감이 더욱 커졌다.**

결과적으로 이 수업은 나로 하여금 이승만 정부에 대한 부정적인 평가를 갖게 하였다. **수업 구성요소 하나하나가 얼마나 중요한지, 아이에게 얼마나 영향력이 큰지를 알게 된 계기가 되었다.** 지금 와서 내가 역사의 빛과 그림자를 다 고려하며 생각을 바꾸기란 쉽지 않을 것 같다.

〈해설 및 이론〉

이 수업은 여러 면에서 **정교하고 균형 잡힌 수업설계**가 부족하다. 우선, 학생들의 **인지발달단계, 정서발달단계**를 고려하지 못하였다. 특히 정서발달단계를 충분히 고려하지 못하였다. 이 시기 학생의 정서발달단계를 고려한다면 학생이 현상을 균형적으로 판단하는 것이 어렵고 특히 부정적 요소에 영향을 많이 받는다는 것을 고려하여 수업설계를 해야 한다. 그러나 위 사례는 이러한 고려가 부족하였으며 더욱이 부정적 평가 영상을 더 많이 그리고 나중에 배치하여 학생으로 하여금 균형 있게 역사를 인식하게 하는 데 실패하였다. 교사는 이러한 결과가 나올 것이라는 것을 예상하지 못한 것이다.

둘째, 긍정 정서와 부정 정서의 불균형 원리를 고려하지 못하였다. 부정적 평가나 감정은 각인효과가 크다. 반대로 긍정적인 평가나 감정은 각인효과가 작으며 그래서 기억에 오래 남지 않는다. 이것을 **긍정 정서와 부정 정서의 불균형 원리**라고 한다. **정서의 변화의 원리**[f)20]**와 비교의 원리**[g)21]는 긍정 정서와 부정 정서

---

f 정서는 좋아하거나 싫어하는 상태가 지속될 때는 크게 유발되지 않는다. 즐거움이 계속되면 강도가 약해지며, 사랑도 계속되면 세기가 약해진다. 그러나 정서는 상황이 변하거나 변화가 예상될 때 유발된다. 특히, 변화의 정도가 클 때, 예측할 수 있는 상황보다 예측할 수 없을 때, 강한 정서가 유발된다.

g 정서는 인지적 평가에 의해 영향을 받는다. 그래서 나보다 힘든 사람을 보게 되면 그와의 비교를 통해 나의 힘듦은 상대적으로 약해진다. 실제 상황에서 느끼는 정서가 기대했던 상황과 비교

에 동일하게 작용하지 않고 다르게 작용한다. 즐거움 같은 긍정 정서가 계속되면 강도가 약해지나, 괴로움, 불안, 불만 같은 불쾌 정서는 지속되더라도 약해지지 않고 강도가 유지되거나 심해진다. 또한 희망은 그 지속성에 한계가 있으나 공포는 지속적으로 경험한다.[22]

결론적으로 아이들로 하여금 역사에 대한 균형 잡힌 시각을 갖게 하기 위해서는 정교한 수업설계가 필요하다. 정치와 관련하여 여러 가지 견해가 나올 수 있는 수업에서는 긍정적, 부정적 측면을 모두 찾고 모둠별로 토의, 토론을 하는 것도 방법일 것이다.

사례 74 서로 잘하는 교과를 가르쳐 주는 짝활동에서 짝과의 경쟁과 협동이 긍정적 자극이 됨

중학교 때 반에서 1등하는 아이와 짝이 되었다. 나는 과학을 잘하였고 짝은 수학을 잘하였다. 과학시간에 나는 짝이 잘 모르는 것을 짝에게 설명하고 얘기를 많이 하였다. 그러나 수학은 내가 잘하지 못하여 같이 공유할 수 있는 것이 거의 없었다. 그러다가 도형 단원에서 반 전체가 풀지 못하는 문제를 내가 유일하게 풀게 되었다. 그때부터 짝은 나에게 도형에 관해서 모르는 것을 물어봤고, 나는 알려 주고 싶고 또 과시도 하고 싶어서 수학을 열심히 하게 되었다. **나보다 공부를 잘하는 짝이 오히려 긍정적 자극이 되었다.**

〈해설 및 이론〉

한 줄 세우기보다 여러 줄 세우기 교육이 필요하다. 도형을 잘하는 도형박사, 함수를 잘하는 함수박사, 노래를 잘하는 가창박사, 미술을 잘하는 그림박사, 축구를 잘하는 축구박사 등으로 치켜세우고 각자가 자신이 잘하는 것을 더욱 계발하

하여 달라지기도 한다. 매우 무서운 것으로 기대하고 영화를 감상하는데 기대 이하이어서 무서움을 덜 느끼는 경우, 평범한 영화로 기대하고 감상하였는데 기대 이상의 무서움을 느끼는 경우 등이 여기에 해당된다.

도록 하는 교육과정 운영이 필요하다. 반면 하고 싶거나 또는 해야 함에도 불구하고 미숙한 분야는 일정 수준 이상이 되도록 보완하는 교육이 필요하다.

이 모든 과정에서 때로는 경쟁하고 때로는 협동하는 교육이 필요하다. 경쟁학습과 협동학습의 적절한 조화가 필요한 것이다. **경쟁만 있거나 협동만 하는 교육은 인위적이며 자연스럽지 못하여서 오히려 아이의 건강한 성장에 유익하지 않다.**

사례 75 답안 오류가 오히려 문제를 깊이 고민하고 다양한 관점에서 해석하는 능력을 길러 주는 계기가 됨

고등학교 때 모의고사를 풀고 답을 맞추던 중 한 문제에서 오답이 나왔다. 어려운 문제가 아니었기에 우리는 당황하며 왜 답이 틀렸는가를 같이 고민하였다. 우리는 여러 해석이 있을 수 있음을 염두에 두고 다양한 의견을 내면서 문제를 심층적으로 논의하였다. 그러던 중에 답지가 틀렸다는 연락을 받았다. 우리가 처음 생각한 것이 옳은 답이었다.

출판사의 실수로 혼동이 있었으나 이 사건은 오히려 왜 답이 틀렸는지를 깊이 고민하고 논의하는 계기가 되었다. 또한 문제를 다양한 관점에서 다양하게 해석하는 계기가 되었다.

〈해설 및 이론〉

적절한 인지불균형은 오히려 인지발달에 도움이 될 수 있다. 인지구조는 유기체가 환경과 평형화를 이루면서 끊임없이 재구성되어 가는 것이다. 유기체는 능동적으로 지식을 구성하며, 지식을 통해 환경에 적응하고자 스스로 변화한다. 평형화는 유기체가 변하는 환경에서 생존하기 위하여 자신의 인지구조를 일정하게 유지하려는 본능적인 경향성을 말한다. 즉, 유기체가 환경이나 세상에 대한 이해와 현재 경험 간의 인지적 균형상태를 유지하려는 경향을 말한다. 모든 유기체는 평형화에 대한 선천적 욕구를 지니며, **인지불균형은 발달의 주요 원동력이다.**

피아제 이론에 따르면 인지불균형을 해소하고 평형화를 추구하는 과정은 새로운 개념(또는 지식)을 기존 인지구조에 동화시키고, 만약 기존의 인지구조에 맞지 않으면 조절하면서 통합된 인지구조를 형성하는 과정이다.[23] 따라서 풀이과정의 오류 찾기 문제 등을 통하여 아이로 하여금 적절한 인지불균형을 초래하고 오류를 해결하는 과정을 통해 인지발달을 도모할 수 있다. 위 사례에서 아이는 인지불균형을 해소하고 새로운 통합된 인지구조를 형성하였다.

또한 **문제를 한 관점이 아닌 여러 관점에서 해석하고 접근하는 전략**이 필요하다. 피타고라스 정리를 푸는 방법으로 지금까지 발견된 방법만 100여 가지가 넘는다고 한다. 교사는 아이들에게 "참고서에는 문제의 답이 이것이라고 하는데 여기에 대하여 어떻게 생각하는가? 동의하는가? 근거가 무엇인가? 만약 동의하지 않는다면 근거가 무엇인가? 다른 관점이나 해석은 없는가?"를 발문하여 다양한 해석과 접근을 유도하는 것이 필요하다.

2. 학급운영 및 학급인성교육

가. 민주적인 학급운영

사례 76 모든 것을 민주적으로 해결하라고 하면서 방관하는 교사의 모습에 실망을 느낌

'**민주적인 선생님은 만만한 선생님이다.**' 내가 학창시절 경험하고 내린 결론이다. 학생들은 자신들을 민주적으로 대해 주려는 선생님을 쉽고 만만하게 본다.

중학교 때 선생님은 첫 만남에서 이렇게 말했다. "**난 우리 반을 민주적으로 지도할 거야.** 일단 반장, 부반장을 투표로 뽑고, 주번과 청소 당번도 **최대한 너희들의 의견을 반영해서 선정할 거야.**" 처음에 우리들은 선생님의 제안에 굉장히 만족했고 반장과 부반장이 선출되는 과정까지는 아무 문제가 없이 순조롭게 진행되었다.

문제는 주번과 청소 당번을 정하는 것이었다. 번호순으로 돌아가자니 공휴일이나 학교 행사에 쉬는 아이들이 생겨 다른 아이들의 불만이 생겼고, 매주 제비뽑기를 하자니 연속으로 뽑히는 아이들이 불만이었다. 계속해서 **의견이 조율되지 않는 상황이 이어지고, 선생님은 그저 '민주적으로'라는 태도로 일관하셨다.** 반장과 부반장이 나름대로 반 학생들의 의견을 다 들어 보고 최선의 해결책을 내 보려 노력했지만, **급우들의 의견 차이는 좁혀지지 않았고, 서로의 감정이 상하는 지경**까지 이르렀다. 결국 학생들의 의견은 "**선생님이 정해 주세요**"였고, 선생님은 "오늘 종례까지 생각해 오겠다"라며 주번과 청소 당번 정하기는 대충 마무리되었다.

선생님이 나간 후 학생들은 선생님에 대해 "**민주적으로 우리의 의견을 다 들어주려는 건 좋지만 너무 무관심한 것 같다**"라고 평가하기 시작했다. 그 뒤로도 담임 선생님은 '아이들의 의견을 존중한다'라는 이유로 일의 결정권을 항상 학생들에게 맡겼다. 학생들은 점점 그런 **선생님의 모습에 신뢰를 잃어 갔고 심지어 몇몇 학생들은 악용하기까지 했다.** 아이들을 선동해 '피곤해서 수업을 듣기 힘드니 야외 활동을 하고 싶다는 의견이 대다수다'라는 식으로 반 아이들 대다수의 의견이 이러하니 선생님은 이를 민주적으로 존중해 달라며 억지를 부리기도 했다.

이런 학급 분위기에 짓궂은 학생들은 **선생님을 만만하게 보며 점점 목소리를 높여 갔고, 나머지 학생들은 반 분위기를 어수선하게 만들고 이를 수습하지 못하는 선생님의 무능력을 탓하곤 했다.** 민주적으로 아이들의 의견을 들어 주고, 조율해서 최선의 해결책으로 학급을 운영하고자 했던 선생님의 의도와는 전혀 다른 결말이 되어 버린 것이다. **아이들은 민주적인 방법으로 가르치는 선생님은 무능력하고 만만하다며 담임 선생님을 원망하곤 했다.**

과연 선생님은 어떻게 학급을 운영했어야 했을까? 나는 당시 **선생님이 모든 상황에서 꼭 민주적이어야 할 필요는 없다**고 생각했었다. 가끔은 단호하기도 하고 카리스마 있는 모습도 보이며 반 아이들로 하여금 그를 믿고 따를 수 있는 이미지를 형성하는 것이 중요하다고 생각했다. 지금도 그 생각은 변함이 없다. 공동체의 모든 일원을 만족시키기는 어렵다.

어느 정도의 권위가 주어진 지도자가 구성원들의 의견을 충분히 존중하되, 조율이 힘들 때는 본인의 권위와 역량을 발휘해 유연하게 해결책을 제시해야 한다. 당장은 구성원들의 만족도가 높지 않을지라도 설득하고 독려하며 주어진 일을 성취시키는 것이 중요하기 때문이다. 그렇게 선생님은 결단력과 단호함 또한 겸비하며 학급을 운영해야 한다고 생각한다.

사례 77 학급회의에서 교사의 지나친 자율권 보장이 학생들 간의 분열과 갈등의 원인이 됨

초등학교 때의 일이다. **선생님은 반장이 주도하여 일주일에 한 번 학급회의를 열어 학급의 일을 학생들이 직접 해결하게 하였다.** 그리고는 학급회의 시간에 우리가 처리해야 할 문제만 제시하고는 일절 개입하지 않고 교무실에 갔다. 선생님은 학급회의 운영을 통해 아이들이 스스로 학급의 일을 해결하면서 자율성과 민주성, 다 같이 정한 것을 실천하는 책임감을 길러 주기 위한 취지로 학급회의가 운영되기를 바랐다.

처음에는 학급회의를 통해 미흡하지만, 함께 학급의 일을 논의하고 방법을 찾아 실천하며 취지에 맞게 진행되는 듯했다. 문제는 청소 당번을 정하는 데서 시작되었다. 학급회의를 통해 반 아이들이 다 같이 청소하는 것으로 정했고 반장이 그 역할을 나눴다. 당시 반장은 인기투표로 된 흔히 말하는 잘나가는 학생 중 한 명이었기 때문에 그 그룹 학생들에게는 편하고 쉬운 일을 배정했고, 나머지 학생들에게는 자기들이 하기 싫은 일을 배정했다. 일부 학생들은 그렇게 역할분담을 하는 것에 반대했지만 과반수가 되지 않아 기각되었다. 반장이 일부러 과반수가 찬성할 수 있게 과반수의 학생에게 쉬운 일들을 배정했던 것이다. 쉬운 청소 일을 맡게 된 학생들은 자신들이 피해를 보는 것이 없었기 때문에 굳이 이에 문제를 제기하지 않았고, 이로 인해 같이 사용하는 교실에서 소수의 학생만이 힘들고 궂은일을 도맡아 하는 피해를 보게 되었다.

좋은 취지로 시작했던 학급회의가 힘과 권력을 가진, 잘나가는 학생들에게 유리하게 작용하는 수단으로 악용되어 처음의 취지와는 어긋나고 있던 것이다. 소수의 학생이 학급회의 때마다 계속 반발을 했지만, 번번이 과반수에 밀리고 말았다. 결국, 참다못한 학생들이 이 일을 선생님께 말씀드렸고 이야기를 들은 선생님은 한 달 만에 학급회의를 없애 버렸다.

아무리 학생들의 자율성과 책임감을 길러 주기 위해 학급회의를 운영한다지만 **교사의 개입이 전혀 없는 것은 문제라고 생각한다.** 학급회의에 교사도 참여하여 학생들이 어떻게 회의를 진행하고 있는지, 회의를 통해 학급의 일을 결정한 내용을 듣고 더 좋은 방법이 있다면 같이 의견을 나누고, 그것이 잘 시행되고 있는지 확인하는 역할이 필요한데, 교사가 이러한 역할을 하지 않다 보니 의도한 취지와 어긋난 결과가 나타난 것이다.

<table>
<tr><td>사례 78</td><td>학급회의가 덩치 크고 목소리 큰 소수의 학생에 의하여 독점되고 그로 인해 학급 분위기가 나빠졌지만 담임교사는 크게 관여하지 않음</td></tr>
</table>

중학교 때, 반에서 일주일에 한 번씩 학급회의를 열었다. 그러나 모든 학생들의 의견을 듣고 합의를 구해야 하는 것과 달리, 우리들끼리만 있다 보니까 학급회의가 덩치 있고 목소리가 큰 일부 아이들이 자신의 의견을 말하면 그 밖에 나머지 아이들은 별다른 의견 제시 없이 가만히 듣기만 하는 소극적인 방식으로만 흘러갔다. 그러다 보니 자연스럽게 **덩치 크고 목소리 큰 친구의 의견에만 모두 찬성하는 분위기가 만들어져 그 친구의 의견으로만 학급회의가 운영되었다.** 동시에 학급 분위기가 엉망이 되는 등의 문제가 발생하였다.

그러나 선생님은 항상 교실에 안 계셨고 학급회의가 어떻게 운영되는지, 교실 분위기는 좋은지 나쁜지를 제대로 모르셨다. 그래서 그 해는 학교생활이 정말 재미없었다.

사례 79 학생회장 선거가 자질중심 투표가 아닌 인기투표로 변질되어 운영됨

학생회장 선거 때 보면 후보로 나온 학생들은 서로 여러 공약을 내세우며 연설을 하였다. 그들은 자신이 공약을 꼭 지킬 것이라는 신뢰를 안겨 주기 위해 다른 학생들에게 인사를 하며 선거운동을 하였다. 투표권을 가진 학생들은 자기 나름의 기준을 세워 한 표를 던졌다.

학생회장 선거운동은 학생에게 책임감을 가지고 학교를 이끌어 가는 민주주의 정신을 교육하려는 목적의 활동이다. 하지만 실제 현상을 깊이 들여다보면 **학생회장 선거는** 학생들이 후보자의 됨됨이와 공약을 판단하여 투표하기보다는 **자신과 친하거나 인기가 많은 후보자를 뽑는 인기투표로 변질되었다.** 그걸 보면서 '인기투표로 변질된 형식적인 선거가 꼭 필요할까?' 하는 의문이 들었다.

사례 80 학생회 선거 과정에서 후보자들 간에 험담, 비방 등이 나타나고 편 가르기가 발생하면서 사이가 나빠짐

고교 시절 학생회장 선거를 한 적이 있다. 원래 학교 선거는 학생들에게 공정하고 깨끗한 민주주의의 절차와 자신의 권리를 행사하는 법을 가르치기 위한 교육의 일환으로 알고 있다. 그러나 그때의 현실은 정반대였다. 학생회장 선거가 평화롭게 끝나지 못한 것이다.

학교에는 성적 상위 10%의 학생을 위한 심화학습반이 있었는데 공교롭게도 후보자 세 팀 모두 심화반 출신이었다. 아주 친한 사이는 아니었지만, 그렇다고 나쁜 사이도 아니던 **6명은 후보 등록을 기점으로 점점 사이가 틀어져 버렸다.** 처음에는 누가 이기든 공정하게 잘해 보자 하였으나 얼마 지나지 않아 **뒷담화가 오고 가고, 나중에는 서로 헐뜯는 지경까지 되었다.** 선거 운동을 도와주는 친구들도 학생회에 들어가는 것을 탐내면서 학생들끼리도 상대 후보를 비난하며 편 가르기에 바빴다. 심지어는 동아리, 기숙사 후배들까지 동원하여 후배들 사이에 안 좋은 소문을 퍼뜨리도록 하였다. 그러면서 그들은 서로가 원수 같은 사이가 되어 갔다.

선거 기간에 나타난 그런 문제는 결국 선거가 끝나고 당선된 후보가 낙선된 후보들을 학생회에 모두 넣어 주면서 사이가 회복되었다.

사례 81 수업시간에 학교생활규정을 직접 개정해 보면서 학교생활에 적극적인 태도를 가짐

고등학교 때 법과 정치수업에서 다양한 활동들을 했는데, 학교생활규정의 잘못된 부분을 개정하는 활동을 하였다. 4명이 한 조가 되어 학교생활규정을 읽어 보고, 자신들이 생각하기에 고쳐야 하는 부분과 그에 대한 타당한 근거를 들어 의견을 공유했다. 이후 조에서 공유한 의견을 한데 모아 학교생활규정의 불합리한 점을 개정하고 이를 종합 정리하며 학급 전체의 의견을 모았다.

처음에 이 수업활동을 시작할 때 우리는 대부분 "뭘 귀찮게 이런 걸 해. 어차피 잘 되어 있겠지"라고 생각하며 학교생활규정을 돌려가며 읽어 보았다. 그런데 실제로 규정을 읽어 본 뒤에는 학생들의 반응이 180도 달라졌다. "뭐야 학생규정이 이렇게 엉터리였어? 이런 규정을 따르며 학교생활을 한 거야? 바꿔야겠네"라고 하면서 다들 적극적인 태도로 활동에 임했다.

잘못된 규정은 크게 두 가지로 나눌 수 있었다. 첫째, 학교가 남자 고등학교였는데, 남녀공학이나 여자 고등학교에 해당하는 내용이 있어서 이를 삭제해야 할 필요가 있었다. 예를 들어, '미혼모 학생이라는 이유로 학습에 관한 권리를 침해받아서는 안 된다'라는 규정이 있었는데, 이것은 당연히 필요 없으니 삭제하자고 의견을 모았다. 둘째, 단어의 의미가 애매모호하여 명확성이 떨어지는 것을 구체적인 내용으로 수정하였다. 예를 들어, '학생으로서 기본예절과 질서를 지키고…' 하는 부분을 '학생으로서 학교 교칙을 지키고…' 하는 내용으로 바꾸는 것이었다.

여러 학급에서 정리한 의견을 모아 학생생활부에 건의하여 학교생활규정을 바꾸었다. **학교의 주인인 학생 모두가 동의할 수 있는 학교생활규정으로 개정하는 활동을 하면서 학생 자치를 배울 수 있었다.** 또 많은 학생들이 우리가 직접 개정한 규정이니까 성실히 학교생활을 해야겠다고 다짐을 하기도 했다.

하지만 과거에 잘못된 규정 때문에 지도를 받은 적이 있는 학생은 그런 지도를 하신 선생님에게 적대감을 갖는 등 부정적인 결과도 생겼다. 이 문제에 대해 당시 선생님은 문제를 제대로 해결하지 못하고 그저 학생의 억울한 마음을 들어 주기만 하였다. 이것은 사회 선생님이 수업을 설계하면서 예상하지 못했던 점이라고 생각한다.

<해설 및 이론>

위 사례의 경우 학교생활규정 개정활동을 하면서 일부 학생들의 경우 잘못된 규정 때문에 억울한 지도를 받았다고 생각해 해당 선생님께 적대감을 갖는 부정적 결과가 나타났다. 이럴 경우 지도교사의 입장에서 해당 내용을 그냥 무시하는 것은 미흡한 조치일 수 있다. 그보다는 사안의 경중을 살펴서 억울하다고 생각하는 학생에게 법적 안정성 측면에서 과거를 받아들이도록 이해를 시키거나, 사안이 심각한 상황이라면 학생부 등 해당 업무 담당자들과 상의 후 해결책을 찾는 것이 좋을 것이다. 학생이 교사에게 억울함이나 반감을 갖도록 하지 않게 하는 것이 필요하다.

사례 82 **학급자치회의 중심의 '비판 종이 쓰기' 활동을 통해 함께 공동의 문제를 해결하며 학급 단합을 이루고 민주시민의 자질을 기름**

중학교 시절, 우리 반은 특별한 이유 없이 날이 갈수록 사소한 일에 불만을 토로하고 투정을 부리며 부정적으로 변해 갔다. 이 시기에 국어시간에 비판하며 읽기를 배웠는데, 선생님은 **비판을 통해 사회문제해결의 실마리를 찾을 수 있다**고 하였다.

이걸 어떻게 적용할까 고민하던 우리는 한 가지 활동을 만들었다. **일주일에 한 번씩 학교생활 중 가장 불만이었던 점을 비판 종이에 써서 제출하는 활동**이었다. 비판 종이에 무엇을 적을까를 고민하며 일주일간의 생활을 객관적으로 바라보고 검토하는 것을 시작으로, 자발적인 학급자치회의를 운영하였다. 비판 종이의 내용을 다시 읽어 보며 그것을 해결하기 위해 학생들 각자가 할 수 있는 일을 찾고 실행함으로써 문제해결에 적극적으로 나섰다. 대부분의 내용은 객관적으로 봤을 때도 불편하다 싶은 것들이고,

개인적인 불만은 거의 없었다.

하지만 하루는 **특정 아이에 대해 비판하고 불만을 표하는 글**이 제출되었다. 지극히 개인적이고 불화를 일으킬 만한 내용이었기에 반장과 학급 위원들은 어떻게 해야 할지 고민하였고, 둘만의 문제만이 아닌 반 전체의 문제라고 생각해서 불만을 쓴 학생과 상대 학생을 불러 이야기를 나눠 보도록 했다. 침착하게 대화를 나눠 보니 서로에 대한 오해로 인해 사이가 틀어진 것을 알게 되었다. **대화를 통해 오해를 풀 수 있었고 둘의 관계는 회복되었다.** 그렇게 우리 반은 비판 종이의 내용을 해결해 나가며 단합을 이룰 수 있었고, 부당한 일에 침묵하던 아이들은 조금씩 자신의 목소리를 내었다. 수업시간에 배운 건전한 **비판 활동을 통해 불만을 합리적으로 해결하는 것을 배우면서 학급의 단합, 역지사지의 자세, 적극적인 문제해결 등을 배울 수 있었다.**

사례 83 학급회의를 통해 자기중심적 사고에서 탈피, 모두가 수긍할 수 있는 규칙을 제정하고 지키면서 민주시민의 자질을 함양함

고등학교 3년 동안 교실에서 아침 시간, 야간자율학습 시간 분위기를 지도하는 일을 맡아 했다. 1학년 때 **처음으로 자습 분위기 지도를 맡았을 때는 내가 생각하는 '좋은' 자습 분위기를 만들기 위해 많은 노력을 했다.** 내가 생각하는 좋은 자습 분위기는 책 넘기는 소리만 들리는 독서실처럼 조용한 곳이었기 때문에 나는 아이들이 조금만 떠들어도 조용히 하라고 했다. 그러자 **아이들의 불만이 많아졌고** 융통성이 없는 것 아니냐, 너무 심하게 관리하는 것 아니냐 등의 불만을 토로하였다. 학급회의 시간에 내가 생각하는 자습 분위기와 급우들이 생각하는 자습 분위기에 대한 의견을 나누고 **학급회의를 통해 의견 조율을 해서 우리 나름의 자습 규칙을 정했다.** 학생들이 합의해서 만든 규칙으로 자습지도를 하니까 같이 정한 규칙이라 모두가 잘 지켰고, 좋아진 자습 분위기와 향상된 학습능률에 선생님도 만족하였다.

1학년 때 겪은 경험을 통해 2, 3학년 때도 자습지도 역할을 맡게 되자마자 동료들과 같이 야간자율학습 규칙을 정해서 규칙을 지키기 위해 노력했다. 그렇게 2학년 때도 자습 분위기가 좋아서 학습하기 좋은 분위기가 형성되었다. 선생님으로부터 자습 분위기가 좋고, 책임감이 있다는 칭찬을 듣고 뿌듯하였다.

이 경험을 통해 학급에서 동료 사이에서 어려운 상황이 있을 때 상대방의 마음을 상하지 않게 하면서 자신의 의견을 말하는 방법을 배웠다. 또한 리더십에 대하여 생각하였다. 내가 생각하는 리더십은 동료들과 일을 같이할 때 자기 생각을 주장하면서도 다른 사람의 의견을 조율해 일의 성취율도 올리고 동료 사이도 더 돈독해지도록 하는 것이다.

〈해설 및 이론〉

학생들은 하루 중 많은 시간을 학교에서 보내며 교사, 동료 학생과의 다양한 경험과 상호작용을 통해 행동양식과 가치관을 기른다. 특히 교사는 사회적으로 부여된 권한과 역할을 통해 학생들에게 학습지도와 함께 다양한 형태의 생활지도로 학생의 인성 형성에 많은 영향을 끼친다. 그중에서도 담임교사는 학생 생활의 거의 모든 영역에 관여한다. 따라서 담임교사가 학급에서 어떤 태도와 자세로 학생을 지도하는가에 따라 학생지도의 결과가 달라진다.

교사와 학생이 하루 평균 10시간 이상 함께 생활하는 일반계 고등학교의 경우 교사와 학생 간의 밀접한 유대관계는 필수적이다. 문제학생의 경우 다른 보통의 학생보다 교사를 싫어하거나 무관심한 경우가 많고, 교사에게 야단맞는 비율도 높다는 연구결과가 있다.[24] 따라서 학생이 원만한 대인관계와 건강한 인격을 형성하기 위해서는 자신의 생각, 감정, 가치 등을 솔직하고 적절하게 나타낼 수 있는 능력을 향상시켜야 하며, 교사는 학생이 이러한 능력을 발달시킬 수 있도록 학생의 의견을 능동적으로 경청하고, 자율적으로 행동하도록 촉구하는 의사소통을 해야 한다.[25]

교사의 지도유형은 교사의 교육철학과 추구하는 방향, 그리고 교사 개인의 성향 등에 따라 크게 **독재형, 방임형, 민주형** 3가지 유형으로 나눌 수 있는데,[26] 많은 학교 규칙이나 과업들이 교사를 통해 최종적으로 결정되고 부과된다는 점에서 교사가 어떤 지도 유형을 보이느냐에 따라 학생들은 행동뿐만 아니라 정서 함양에 있어서도 많은 영향을 받는다.[27]

특히 교사의 지도 유형이 **민주형일** 때 학생의 인격이 가장 바람직하게 발달할 수 있다. 이것은 교사가 수업과 학생지도에서 학생을 단순한 지도의 대상으로만 보지 않고, 학교활동의 **주체로서의 학생**을 인정하면서 과업 수행의 **파트너로 인정**하고 **협력의 대상**으로 여기는 태도를 말한다. 민주적으로 학생을 지도할 때 학생의 문제행동도 개선되고, 교사에 대한 학생의 신뢰와 지지도 커진다. 즉 학생이 자율적으로 필요한 학급규칙을 만들고, 학급활동이나 행사에 있어서 의견을 직접 개진하고 스스로 결정해 보도록 하는 교사의 **민주적인 학급운영** 방식이 학생의 문제행동 예방뿐만 아니라 학교생활 전반에 대한 만족감을 높여 보다 적극적인 학교생활을 영위하게 한다.[28]

그러나 **민주적인 지도와 방임은 분명 다르다.** 사례에서 보듯이 전적으로 학생들에게 모든 것을 맡기고 관망하는 것은 부정적 결과를 초래한다. 교사로서 교육적 책임감을 갖고 학생들에게 **자율과 책임**의 자세를 분명하게 인식시키며 상황에 따라 교사가 **적절히 개입하여 학생들을 지도할 때** 교사에 대한 신뢰가 높아지고, 학생들 사이의 선순환적인 활동을 이끌어 낼 수 있다. 즉, 학생들이 스스로 계획하고 참여하는 '학생자치'의 터전을 만들어 주고 옆에서 함께 하며 때로는 이끌어 주는 것이 진정한 의미의 민주적 학급운영이다.[29]

나. 벌, 보상, 강화

사례 84 과제 실수로 선생님께 혼난 후 자신을 돌아보고 매사에 신중하고 꼼꼼해야겠다고 다짐함

고등학교 때 선생님은 모의고사 문제풀이 쓰는 것을 과제로 내었다. 항상 있는 숙제였고, 모르는 내용을 해설지의 힘을 빌려서 과제를 열심히 했다. 그런데 어느 날, 이정도면 잘했다고 생각했는데 실수를 하였다. 한 문제를 깜박하고 쓰지 않은 것이다. 그래서 모든 것을 꼼꼼하게 검토하는 선생님께 걸리고 말았다.

이 실수로 선생님께 혼이 났다. 한 문제 때문에 **동료들 앞에서 혼이 나는 모습을 보여 주는 내가 부끄러웠고 창피했다.** 내가 자주 실수한다는 것을 알았지만 선생님께 혼이 나고서 나의 실수에 대하여 깊이 생각하는 계기가 되었다. 동료들 앞에서 창피함, 나의 실수에 대한 반성으로 앞으로 **과제뿐만 아니라 모든 것에 있어서 신중하고 꼼꼼하게 해야겠다고 다짐했다.**

사례 85 숙제를 하지 않으면 손바닥을 가볍게 맞는 벌을 피하기 위해 동료의 숙제를 베껴서 제출함

중학교 때 **숙제를 해 오지 않으면 손바닥을 가볍게 맞았다.** 세게 때리지 않아서 아프지는 않았지만 **기분이 나쁘고 부끄러웠다.** 숙제를 하지 않았거나 평소에 공부를 하지 않았던 학생은 동료의 숙제를 베껴서라도 안 맞으려고 하였다. 선생님은 아이들이 공부와 숙제를 열심히 하기를 바라는 의도에서 행한 벌이었지만, **아이들은 맞지 않기 위해 동료의 숙제를 베끼면서 여전히 공부하지 않았다.** 또한 숙제를 해 온 아이는 자신의 숙제를 빌려주면서 불공평하다고 느꼈다.

〈해설 및 이론〉

벌로 학습에 대한 동기를 유발할 수 있을까? 감정이 상하면 대상이 미워지고 마음을 닫는다. 선생님께 혼이 나서 감정이 상하고 결국 해당 과목에 대한 흥미까지 잃은 경우가 많다. 반대로 좋은 감정이 생기면 마음을 열고 수업에 참여하고 결국 해당 과목에 흥미도 생기게 된다. 벌을 주더라도 교사와 학생이 충분한 공감대가 형성되어 있다면 학습에 효과적일 수 있지만, 그 적용은 신중해야 하겠다.

또한 공개적으로 아이를 혼내는 것은 지양해야 한다. 아이를 따로 불러서 잘못하거나 부족한 부분만 짧게 가이던스하는 것이 아이의 감정을 상하게 하지 않고 행동을 변화시키는 데 효과적이다.

사례 86 지각으로 혼나면서 창피함과 반발심, 분노를 느껴 선생님과 관계가 나빠지고 결국 성적도 떨어짐

고등학교 때, 수업시간에 학교 근처 산에 올라가서 생태계 관찰 수업을 했다. 그런데 정상에서 친구들과 사진 찍고 얘기하며 여기 저기를 둘러보느라 우리들 몇몇은 선생님과 친구들이 산을 내려간 것을 몰랐다. 나중에 핸드폰에 찍힌 부재중 통화를 보고

다음 수업시간이 거의 시작할 때라는 것을 알았고, 그제야 선생님과 급우들이 벌써 산을 내려갔다는 것을 알았다. 우리는 급하게 반장한테 연락하여 다음 시간 선생님께 잘 말씀드려 달라고 부탁했다. 이미 다음 수업이 시작되었지만 학교까지 필사적으로 뛰었고, 교실 문 앞까지 와서 숨을 한 번 돌리고 조용히 교실 문을 열었다.

다음 시간 선생님은 수업을 잠시 멈추시고는 헉헉대고 있는 우리를 향해 교실 앞으로 나오라고 하였다. 그러고 우리를 향해 "지각했네?"라고 하였다. **우리에게 지각한 이유를 묻지 않고, 너희들이 지각해서 수업진도가 늦어진다고 무안을 주셨다.** 학생들 모두가 우리가 지각했다는 것을 알고 있었다. 선생님이 "지각했네?"라고 한 것이 '앞으로 지각하지 마라'라는 의도로 한 것이겠지만, 나는 오히려 **반발심이 생겼다.** 또한 우리를 보고 있는 다른 아이들에게 **"수업에 늦으면 다 보는 앞에서 공개적으로 망신당할 거야"**라는 메시지를 전하는 것 같았다.

그렇게 우리는 모두가 보는 앞에서 선생님께 혼이 났다. 그때 나는 비록 늦었지만 학교까지 뛰어온 **우리의 마음을 알아주지 못하는 선생님이 야속했고,** 다른 학생들이 공부할 시간을 빼앗은 것 같아 **미안하기도 했다.** 또한 여럿이 보는 앞에서 혼나는 것이 **부끄럽고 창피하였다.**

이후 그 선생님을 보면 눈 마주치는 것이 어색할 정도로 **관계가 나빠졌고, 혼난 기억이 떠올라서, 선생님에 대한 분노와 거부감으로** 수업시간에 집중하지 못하였다. 선생님이 농담을 해도 잘 웃지 않았고, 선생님이 어떤 질문을 하여도 대답을 하지 않았다. 당연히 그 선생님 과목 성적은 떨어졌다.

〈해설 및 이론〉

숙제를 해 오지 않거나 수업시간에 늦은 경우, 과제를 늦게 제출하는 경우 등 아이 스스로가 본인이 잘못한 것을 알고 있는 상황에서 교사들이 "숙제 안 해 왔네?", "지각했네?", "(숙제 제출이) 늦었네?" 하는 식의 잘못을 지적하는 의사소통을 많이 한다. 이것은 부모들도 마찬가지이다. 하지만 이런 식의 의사소통은 아이의 긍정적 행동변화에 도움이 되지 못한다. 이유는 이러한 **과거지향적인 의사소통이 아이에게 비판의 메시지로 해석되기 때문이다.**

또한 왜-질문도 하지 말아야 한다. 아이의 문제행동을 가이드할 때 "○○○에게 왜 그런 행동을 했니?"와 같은 **왜-질문은 아이로 하여금 죄책감을 느끼고 방어적인 자세를 취하도록 한다.** "왜 그랬니?" 등의 이유를 묻는 것은 가장 나쁜 의사소통이다. "왜 그랬니?"는 원인을 파악하는 것이 아니라 "왜 바보같이 그런 행동을 했니"의 비판의 말로 변질되었다. 실수한 아이에게 "왜 그랬니?"라고 말하는 것은 "바보같이 왜 실수했니?"의 비판의 말이다. 교사의 비판에 아이는 감정이 상하고 교사와의 사이가 멀어지고 기대하는 책임감 있는 행동은 더 요원하게 된다.

아이가 문제행동을 할 때 꾸짖거나, 질문하거나 과거지향적인 의사소통을 사용하기보다 대신 **책임감 있게 행동하는 방법을 가르치거나 안내**하는 것이 아이의 문제행동 수정에 더 효과적이다. 아이의 긍정적인 행동변화에 가장 좋은 의사소통은 **핵심만 짧게 긍정적 진술문으로 말하는 것이다. "~하자. ~해야 돼. ~하는 것이 좋겠어. ~하기를 바라"**처럼 본론만 짧게 긍정적 진술문으로 말하는 것은 아이의 행동변화에 훨씬 더 효과적이다.

이유는 아이의 감정을 상하게 하지 않기 때문이다. 아이가 식탁에서 간장을 실수로 쏟았을 때 "닦자"라고 반응하면 아이는 거부반응 없이 행동을 하게 된다. 또는 부모가 아무 말 없이 직접 쏟아진 간장을 닦는 것도 좋은 방법이다. 특별한 말이 없어도 아이는 자기의 실수와 앞으로 어떻게 행동을 해야 하는지 생각한다. 그리고 자기의 실수를 나무라지 않는 부모의 반응에 고마움과 미안함을 느낀다.

위의 사례에서 문제를 해결하고 아이의 행동을 변화시키는 데 좋은 대화는 "지금 몇 쪽을 공부하고 있는 중이야" 또는 "몇 쪽을 펴자"라고 **결론만 심플하게 말하는 것**이다. 또한 수업을 중단하지 않고 계속 수업을 진행하고 수업에 늦은 것에 대해서는 나중에 따로 이야기하는 것이 좋을 것이다. 교사가 아이를 비판하기보다 문제해결에만 집중하거나 아이를 반겨 주었다면, 아이는 수업시간에 집중하고 자신의 실수를 나무라지 않은 선생님이 고맙고 미안해서 다음부터 지각하지 않으려고 노력할 것이다. 아이와 **문제해결적이고 미래지향적인 의사소통**을 하는 것이 필요하다.

벌금 및 기부금 제도 운영으로 평소의 책임감 없는 행동이 줄고 동료와 단합하는 좋은 계기가 됨

고등학교 때, 담임 선생님은 우리에게 앞으로 화내지 말고, 만약 화낼 이유가 생기면 그것에 합당한 벌금을 낼 것을 제안하였다. 또한 좋은 일이 생긴 사람은 그 기쁨을 모두에게 나누기 위해서 약간의 돈을 기부할 것을 제안하였다. 그래서 **다양한 벌금 및 기부금 제도가 학생과 선생님의 합의하에 만들어졌다.**

대표적으로 무단 외출 및 야간자율학습을 도망가면 벌금을 내었다. 그러자 다른 반에 비하여 야자에 참여하는 인원이 2배 많았으며 모두 참여하는 날도 많았다. 야간자율학습에서 같이 공부하면서 성적이 향상되어서 다른 반보다 반 평균 성적이 월등히 높았다. 수시를 합격하거나, 상을 받아서 기부금을 낼 때 불만이 없는 것은 아니었지만, 상받은 학생, 수시 합격한 학생이 기분이 좋아서 자발적으로 돈을 낸 적도 많았다.

학년 말에는 1년 동안 적립한 돈으로 다 같이 음식을 사 먹으면서 **동료들과 단합하는 좋은 계기가 되었다.** 중요한 것은 벌금 및 기부금 제도 운영으로 평소의 **책임감 없는 행동이 많이 줄었다는 것이다.** 벌금 및 기부금 제도가 의도하지 않게 좋은 점도 많았다.

〈해설 및 이론〉

이 사례는 매우 특수한 경우로 판단된다. 보통의 경우 벌금제는 학생들에게 금전만능주의적 인식을 심어 줄 수 있고, 자신의 잘못에 대한 회피의식 등을 심어 줄 수 있어 바람직하지 않다. 따라서 긍정과 부정의 효과를 잘 파악하고 신중하게 시행해야 할 것이다. 또한 제도의 취지와 효과를 잘 설명하고 전체 학생이 동의하는 것이 필요하다.

상벌점제로 학습 및 생활태도가 개선되기보다 오히려 벌점을 만회하기 위해 상벌점제를 악용하는 등 거짓된 행동이 많아짐

내가 경험한 상벌점제는 본래 의도인 학습 및 생활태도 개선에 별 도움이 되지 않았다. 일시적이고 부분적으로만 본래 의도에 맞게 효과가 있을 뿐이며, 상점 항목을 악용하는 학생들이 많았다.

고등학교 때 벌점 60점부터는 교육봉사, 80점부터는 사회봉사를 하였다. 벌점이 많으면 교육을 받고 상점이 많으면 상을 받았다. 한 번은 반에 벌점이 많은 아이가 있었는데, 지각을 자주하고 치마 길이가 너무 짧아 지적을 받는 등 학칙에 어긋나는 행동을 많이 하여 벌점이 60점을 넘기 직전이었다.

벌점을 상쇄하기 위해 상점이 필요했던 그는 상벌점제 중 분실물을 찾아 주면 상점 2점 받는 것을 악용하였다. 그래서 **짝의 물건을 가져가 분실물을 주웠다고 속이고 상점을 받았다.** 매번 이런 식으로 벌점을 깎아 교묘하게 교육봉사 및 사회봉사를 피했다. 수업시간에 핸드폰을 사용하면 벌점 10점이었는데, 상점 20점이 있다고 벌점받는 것을 개의치 않는 학생도 꽤 있었다.

상점이 벌점을 깎는 도구로 사용되고, 상점으로 벌점을 무마할 수 있은 것으로 상벌점제가 악용되면서, 학생의 학습 및 생활태도가 좋아지기보다 오히려 간사함과 거짓말이 늘어 가는 것을 경험하였다.

사례 89 **상벌점 점수로 학생을 다르게 대하는 교사의 태도에서 차별을 경험함**

초등학교 때 선생님은 발표하거나 문제를 맞추는 경우 또는 학급에서 책임감 있는 행동을 하면 상점을 받고, 책임감 없는 행동을 하면 벌점을 받는 상벌점제를 운영하였다. 상점이 높은 아이는 급식 때 밥을 먼저 받았고 학기 말 상점이 가장 높은 두 명은 선생님 집에서 같이 식사를 하였다.

당시 우리는 상점이 높은 아이가 그러한 보상을 받는 것을 당연한 것으로 생각했고 많이 부러워했다. 지금 생각하면 선생님은 상벌점을 기준으로 아이를 구분 짓고 차별하였던 것 같다. 상벌점제를 통하여 수업 참여도와 학업성취도를 향상시키고, 책임감 있는 행동을 하게 하는 것이 원래 의도였지만, **상벌점을 기준으로 차별하는 의도하지 않은 결과를 초래하였다**고 생각한다.

〈해설 및 이론〉

상벌점제는 학생의 학습 및 생활태도 개선을 위해 체벌 대신 도입되었다. 책임감 없는 행동에 벌점을, 책임감 있는 행동에 상점을 부여함으로써 경각심과 긍정적 동기유발을 일으키고 학습태도를 개선하는 것이 본래 목적이다. 그러나 의도하지 못한 결과가 나타나고 인권침해의 소지 등의 문제로 최근에는 점점 사용하지 않는 추세이다.

자신의 벌점을 메우기 위해 실제 잃어버리지 않은 물건을 분실물로 속이고 선생님께 가져가서 상점을 받는 경우는 흔한 경우이다. 또한 지각을 줄이기 위해 지각 1회당 몇백 원의 벌금을 내기로 합의하였으나, 오히려 벌금 내고 당당하게 지각하는 학생이 생기는 등 의도하지 않은 결과가 나타나기도 한다.

사례 90 **벌을 피하기 위해 학습내용을 암기해야 하는 수업에서 불안감을 느낌**

고등학교 때 한 선생님은 평소 무섭고 엄하였다. 선생님은 보충수업 시간에 문제집을 주로 활용하였는데, 문제와 관련된 내용들을 무작위로 **질문하면서 제대로 답하지 못하면 "니 벽 저기"라는 벌을 주었다. '니 벽 저기'는 교실 뒤 벽에 붙어서 두 팔을 위로 만세하고 수업이 끝날 때까지 서 있는 것이다.** 팔이 아프기도 하지만 교실 창문 앞이 바로 후문이어서 지나가는 사람들이 벌 받는 모습을 볼 수 있어서 창피하였다.

우리는 벌을 면하기 위하여 내용을 암기하였다. **나는 평소 그 과목을 좋아했지만, 나중에는 아침에 시간표를 확인할 때 해당 과목 보충수업이 있으면 불안감에 속이 울렁거리고 한숨이 나왔다.**

`사례 91` 비속어를 사용하면 원고지를 채우는 벌에 반발심과 불만을 갖는 학생들이 늘어나며 수업 분위기가 나빠짐

고등학교 때 비속어를 심하게 사용하는 아이들이 많았다. 국어 선생님은 비속어를 사용하는 아이들의 언어습관을 개선하기 위하여 **비속어를 사용할 때마다 3,000자 원고지를 채우는 수업규칙**을 정하였다. 원고지 채우는 것이 힘들고 시간을 뺏겨서 아이들은 비속어를 사용하는 습관을 고치려고 노력을 하였다. 그러나 습관이 된 말이 무의식중에 나왔고 그래서 원고지 채우기 벌을 또 받았다.

그러자 언어습관을 고치는 것이 어렵다고 생각한 아이들은 **반발심과 불만**을 가지게 되었다. 그러면서 **수업시간에 말수가 줄었고 적극적으로 수업에 참여하지 않았다.** 그 결과 수업운영이 잘되지 않았고 모두가 피해를 느꼈다. **비속어 사용을 줄이려는 처음 의도는 오히려 수업 분위기를 침체시키는 결과로 나타났다.** 잊을 수 없는 큰 경험이었다.

`사례 92` 학생이 잘못을 하거나 책임감 없는 행동을 할 때 명심보감을 반복해서 쓰는 과제가 아이들에게 의외로 긍정적 영향을 미침

초등학교 때 담임 선생님은 학생이 잘못이나 책임감 없는 행동을 하면 **방과 후에 남아서 명심보감 한 구절을 반복해서 쓰면서 스스로 잘못을 깨닫게** 하였다. 친구와 싸우거나 욕을 하거나 숙제를 안하는 등의 책임감 없는 행동을 하면, **해당 행동에 맞는 명심보감 구절을 선정하여 반복하여 쓰면서 구절의 의미를 파악하고 반성하도록 하였다.**

반응은 좋았던 것 같다. 얼마 지나지 않아 아이들이 **책임감 있게 행동을 하였고 학급 분위기가 전반적으로 좋아졌다.** 도서관에서 명심보감이 유달리 크게 보였고, 또 다른 내용은 무엇이 있을지 궁금하여 책을 대여하기도 했다. 수업에서 자유 질문시간에 전에 쓴 명심보감 내용을 기억하였다가 뜻을 묻는 친구도 가끔 있었다.

명심보감 반복해서 쓰기는 책임감 없는 행동에 대하여 혼을 내는 것이 아니라 선생님의 마음을 완곡하게 전달하고 교육하는 방법이었다. 그때는 몰랐지만 지금 생각하면 선생님 밑에서 배운 나는 행운아라고 생각한다.

사례 93 칭찬도장을 받는 것이 즐거워 더욱 공부를 열심히 하면서 과목에 흥미를 가짐

중학교 때, ○○시간은 나에게 긍정의 힘을 많이 불어넣어 주었다. 선생님은 학습동기유발을 위해 '칭찬도장'을 사용하였다. 해당 과목을 좋아하고 잘하던 나는 매 단원이 끝날 때마다 **칭찬도장을 받는 것이 큰 즐거움이었고 그래서 더욱 공부를 열심히 했다. 이것은 다시 선순환하여 해당 과목이 더욱 재미가 있었다.** 나는 일 년 동안 칭찬도장을 가장 많이 모았다.

〈해설 및 이론〉

벌, 보상, 강화

벌은 정적인 벌과 부적인 벌로 구분된다. 정적인 벌은 바람직하지 않은 행동을 줄이기 위해 후속결과로 벌을 제공하는 것이다. 예로 반응대가, 과잉교정 등이 있다. 부적인 벌은 바람직하지 않은 행동을 줄이기 위해 강화를 제거하는 것이다. 예로 소거, 타임아웃 등이 있다.[30]

강화는 기대되는 행동을 증가시키기 위하여 하는 처치이다. 행동주의 심리학에 기반한 강화는 아이의 책임감 있는 행동 형성에 매우 효과적이다. 강화는 정적강화와 부적강화로 구분된다. 부적강화가 인간 행동을 유지시키는 데 효과적이지만 행동치료방법으로는 많이 사용되지 않으나[31] 학교 현장에서는 많이 사용된다.

강화 사용의 원칙은 다음과 같다.[32]
• 강화는 아이의 책임감 있는 행동수행에 대한 조건부로 사용한다.
• 강화는 아이의 책임감 있는 행동수행 후 즉시 제공하는 것이 효과적이다.
• 강화는 동일한 기준으로 지속적으로 제공하는 것이 효과적이다.
• 아이가 제공되는 강화가 자신의 책임감 있는 행동의 결과(반대급부)라는 것을 이해하는 것이 중요하다.

강화는 보상과 구별된다. 보상은 특정 행동에 대한 반대급부로 주어지는 쾌 감정을 유발하는 것이나 보상을 통해 해당 행동이 계속 유지시키는 것은 아니다.[33] 보상의 효과에 대하여 논쟁이 계속되고 있다.

강화와 관련된 윤리적 논쟁이 약간 있다. 첫째, 아이의 책임감 있는 행동을 증진시키는 효과가 있지만 아이가 그 책임감 있는 행동을 하기 싫어한다면 아이의 자유를 박탈하는 것이 아니냐고 주장한다. 그러나 아이가 사회적으로 책임감 있는 행동을 하고 그러한 기회를 제공하는 것은 궁극적으로 개인의 자유의 폭을 증가시키는 것이다.

둘째, 강화가 일종의 뇌물이 아니냐고 주장한다. 이것은 보상에게도 같이 해당되는 논쟁이다. 뇌물은 통상 사회적으로 정직하지 않거나 바람직하지 못한 행동을 위해 제공되는 것이다. 그러나 강화나 보상은 아이의 바람직하거나 책임감 있는 행동 형성을 위해 사용되는 것이다.[34]

다. 기타 사례

사례 94 중앙 현관에 게시된 선생님과 함께 찍은 수상 사진을 보면서 뭉클함을 느끼며 열심히 하겠다는 마음을 다짐함

고등학교 때 교내외 **대회에서 수상을 하면 담임 선생님, 교장 선생님과 함께 사진을 찍고 중앙 현관에 게시**하였다. 나도 과학 경시대회에서 수상을 하여 사진이 현관에 게시되었다. 상 이름은 저명한 과학자들의 이름을 따서 붙여졌다.

그 후 중앙 현관을 지날 때마다 상을 들고 선생님과 함께 찍은 내 **사진을 볼 때마다 가슴 뭉클함을 느꼈고** '**더 열심히 해야지**'라고 마음을 다졌다. 선생님과 함께 수상 사진을 찍고 현관에 게시하는 것은 나에게 큰 격려가 되고 더 열심히 노력하도록 동기를 부여하는 등 긍정적 영향을 끼쳤다.

사례 95 교사가 자신들을 믿고 있다는 생각에 아이들이 자율적으로 공평하게 역할을 분담하고 책임감 있게 열심히 청소를 함

고등학교 때 대부분의 선생님들은 청소 시간에 아이들에게 역할분담을 하는 등 청소 감독을 하였다. 그러나 우리 담임 선생님은 부장선생님이고 방과 후 수업 준비 등으로 바빠서 청소 감독을 제대로 하지 못하였다. 그런데 우리는 선생님이 우리 스스로 알아서 잘할 것이라고 믿어서 감독을 하지 않는다고 생각하였다. 그래서 각자 **공평하게 역할분담을 하고 책임감을 갖고 누가 시키거나 검사하지 않아도 맡은 역할을 열심히 하였다.** 선생님의 의도였는지는 모르겠지만, 우리는 책임감 있게 행동하고 서로를 배려하는 것을 배웠다.

사례 96 화합과 협력을 강조하는 담임교사의 지도로 협력적 활동을 하면서 학급 분위기가 좋아지고 협동적으로 됨

고등학교 내신 성적은 상대평가였고 친구들 사이에서 자신의 등급이 결정되다 보니 동료관계는 때로 경쟁적이었다. 그런 우리에게 담임 선생님은 항상 우리가 **똘똘 뭉칠 것과 좋은 관계를 유지할 것을 강조하셨다.** 이를 위해 담임 선생님은 **마니또 게임, 미니 체육대회, 단합대회** 등을 자주 하였다. 이런 활동을 하면서 동료관계가 **돈독해지고 협력적인 관계가 되었다.** 그래서 우리 반은 다른 반에서 들은 수행평가나 시험 **팁을 서로 공유했으며, 부족한 과목을 서로 가르쳐 주었다.** 이러한 이유 때문인지는 잘 모르겠으나 우리 반 평균은 항상 1등이었다. 그런 우리를 보면서 다른 반 선생님은 "너희들은 놀 때 잘 놀고, 공부도 잘한다"라는 칭찬을 많이 하였다. 우리는 협력하면 좋은 결과를 얻을 수 있다는 것을 배웠다.

〈해설 및 이론〉

서로 협력하는 조별 또는 반별 활동을 많이 늘리고 협동의 중요성을 일깨워 주는 학급인성교육이 필요하다. 또한 서로를 배려하고 돌보는 학급공동체를 형성하기 위하여 **사회정서학습**(SEL) 프로그램을 정기적으로 시행하는 것도 효과적이다.

웃음 박수로 활기차게 아침을 시작하면서 학급 분위기가 밝아지고 긍정적인 사고가 확산됨

고3 때, 교내 학급 대항 경진대회가 열려서 학급마다 하나씩 과제를 제출해야 했다. 아이들은 입시 준비로 바쁜 고3이 시간을 빼앗긴다며 좋아하지 않았다. 하지만 담임 선생님은 1등 반에 상금이 있으니 열심히 준비하자고 하였다. 나는 웃음 박수가 사람에게 긍정적인 영향을 끼친다는 기사를 본 기억이 나서, 학급회의 때 경진대회에서 우리 학급 테마를 '다함께 웃음'으로 할 것과 활기찬 아침 시작을 위하여 **'웃음 박수'**를 제안하였다.

처음에는 회의를 대충 하고 끝내려고 했던 아이들은 '웃음 박수'에 큰 관심을 가졌고, 정말로 아침마다 '웃음 박수'를 함께하였다. 입시를 앞두고 지치고 서로 예민해져서 힘없이 하루를 시작하고 침체된 학급 분위기에서 **웃음으로 하루를 시작하고 억지로 웃으면서 자연스럽게 밝은 학급 분위기로 변화되었다. 함께 웃으면서 서로 잘 지내는 모습을 보면서 긍정적인 사고가 중요함을 느꼈다.** 처음에는 경진대회의 과제 목적으로 시작하였는데 예상 밖의 좋은 결과로 이어졌다.

3. 교사 – 학생 관계

가. 교사의 칭찬과 격려, 사랑, 응원, 공감

사례 98 교사의 열정, 관심, 격려에 긍정적 영향을 받고 롤모델로 삼음

중학교 때 담임 선생님은 정말 **열정적**이었다. 그분은 항상 열심히 수업을 하였는데, 선생님은 우리가 잘 이해하도록 영상자료를 많이 활용하고 몸을 크게 움직이면서 수업을 진행하였다. 또 평소 아이들이 집중하도록 **큰 목소리로 수업을 하였는데 그러다가 성대결절

을 겪기도 하였다. 그 밖에 아이들의 의견을 수용하면서도 옳고 그름을 확실히 판단해 주었다.

선생님은 아이들에 대한 열정도 남달랐다. **반에 매일 지각하고, 툭하면 결석하는 문제학생이 있었는데,** 그 아이는 1, 2학년 때 워낙 학교를 많이 나오지 않아서 유급이 될 상황까지 갔음에도 불구하고 3학년이 되어서도 계속해서 학교에 나오지 않았다. 하지만 **선생님께서는 그 아이를 포기하지 않았다.** 학교에 안 나오면 꼭 전화해서 깨워 주고, 집으로 데리러 가서 같이 등교하기도 하였다.

선생님은 다른 아이들에게도 소홀하지 않았다. 나는 눈에 띄는 행동을 하지 않는 평범하고 조용한 편이었음에도 가끔씩 주변을 청소하거나 동료를 배려하는 **사소한 내 모습을 놓치지 않고 칭찬하였으며, 관심을 기울여 주고 기대를 많이 한다고 격려해 주었다.** 미래에 대한 꿈이 없던 나는 그렇게 선생님의 열정에 감동과 영향을 받아서 교사를 꿈꾸게 되었으며 열심히 공부하여 성적도 많이 향상되었다.

사례 99 용기와 희망을 주는 교사의 격려에 희망을 갖고 열심히 공부해 큰 발전을 이룸

고등학교 때, 수학성적이 항상 4등급에 머물러 있었다. 내 꿈은 수학 선생님이었지만 열심히 하였음에도 불구하고 수학 성적이 오르지 않아 고민이 많았다. 그래서 수학 선생님과의 개인 면담을 신청했는데, **선생님은 나에게 할 수 있다는 희망과 더 열심히 할 수 있는 발판을 마련해 주었다.** 그 당시 내 성적이 수학교육과에 가기에는 정말 턱없이 부족했지만 선생님께서는 "너는 이 점수로 수학교육과에 못 간다"라고 하지 않고, 열심히 하여 성적을 향상시키면 항상 2등급이나 3등급을 받아 온 학생들보다 더

메리트가 있을 거라고 격려해 주었다. **선생님의 격려를 듣고 나서 희망을 갖고 더 열심히 노력했다.** 그 결과 내신이 1등급으로 향상될 만큼 큰 발전을 이룰 수 있었다. 교사가 **부정적이고 지나치게 객관적인 조언보다는 칭찬과 격려를** 하면 더 좋은 결과가 일어나는 것을 경험하였다.

사례 100 교사의 격려와 희망적인 충고에 감동하고 열심히 학교생활을 함

고등학교에 진학하면서 공부를 열심히 하기로 마음을 굳게 먹었다. 특히 고등학교 1학년은 인생에서 아주 중요한 시기라고 생각해 누구보다도 열심히 하고 싶었다. 이러한 생각으로 가득 찬 나는 1학년 새 학기 반장 선거 전까지만 수행하는 임시 반장을 지원했고, 친구들을 도와주고 청소도 열심히 했었다. 그리고 이후 3월 중순 실시된 반장 선거에서는 내가 유일한 후보자여서 자연스럽게 반장이 되었다.

그런데 반장 경험이 처음이다 보니 많은 게 어색하고 모르는 것 투성이었다. 또 열심히 공부했지만 중간고사 성적은 기대 이하로 나왔다. 반장이 공부를 잘하지 못하니 아이들이 모르는 것을 물어보면 답하기가 어려웠다. 열심히 하면 될 줄 알았는데 그게 아니었다. 내 생각이 틀렸다는 것을 알았다. 그래서 **담임 선생님께 고민을 털어놓았다.** 열심히만 하면 될 줄 알았던 공부가 중학교 때 놀아서 그런지 성적이 원하는 만큼 나오지 않고 아이들이 모르는 것을 물으면 몰라서 답해 줄 수 없는 내 자신이 답답하며, 다른 반장들은 열심히 하고 공부도 잘하는데 나는 그렇지 못해서 비교된다고 말이다.

가만히 듣기만 하던 선생님은 내게 말씀하였다. "네가 중학교 시절에 공부를 잘했든 놀고 사고만 치고 다녔든 그건 중요하지 않아. 중요한 것은 네가 고등학교에 와서 열심히 했고 그런 너를 우리가 반장으로 뽑았어. 그래서 지금 40명이 너를 믿고 따르고 있다는 것이지. 네가 스스로 자책하고 앞으로 나아가기를 두려워하고 부정한다면 너를 믿고 따르는 40명도 걸음을 멈출 수밖에 없단다. 너 자신을 믿고, 또 너를 믿어주는 사람들을 믿거라."

감동이었다. 눈물이 날 뻔했다. 내가 나를 믿지 않으면 그 누가 믿어 주랴. 스스로를 자책하지 말고 한 번쯤 굳게 믿어 보는 것도 괜찮다는 생각이 들었다. **용기를 얻은 나는 공부는 물론 교우관계, 반장 역할도 자신감을 갖고 충실하게 행하였으며, 2학기는**

물론 2학년, 3학년 때도 계속해서 반장으로 뽑히면서 학교에서 유일한 3년 연속 반장이 되었다.

사례 101 한 명도 포기하지 않겠다는 교사의 말에 모두가 감명을 받고 열심히 노력함

고등학교 때 선생님이 입버릇처럼 하신 말씀이 있었다. "**한 자식도 포기하지 않는다!**" 선생님은 수업시간에 졸거나 딴짓을 하는 등 수업에 참여하지 않는 아이를 참여시키겠다는 의미로 말한 것 같다. 또는 어렵고 힘들게 수험생활을 하는 우리를 끝까지 응원하거나 지지하고 도와주겠다는 뜻일 수도 있다.

의미가 어찌되었건 간에 우리는 **선생님이 입버릇처럼 하신 말씀에 큰 감명을 받았다.** 선생님의 따뜻하고 긍정적인 말에 큰 영향을 받은 것이다. 어떤 반은 그 말을 급훈으로 삼아 원래 급훈 대신 액자에 붙이기도 했고, 다른 선생님들이 우리 선생님의 말씀을 가끔 인용하는 일도 있었다. 선생님의 그 말씀은 **나중에 서로를 격려하는 일종의 주문처럼 통용되기도 했다.**

사례 102 사소한 칭찬에 뿌듯함을 느끼고, 이후에도 교사에게 잘 보이고 싶어 수업에 열심히 참여함

고등학교 때 칠판 청소 당번을 하였다. 나는 분필 지우개를 열심히 털고 칠판을 깨끗이 걸레로 닦았다. 어느 날 윤리 선생님은 수업이 끝나고 나가면서 "**이 반은 칠판이 항상 깨끗해서 좋네**"라고 말씀하였다. 그냥 흘러가는 말이었겠지만, **왠지 모르게 인정**

받은 느낌이 들었고 스스로 뿌듯함을 느꼈다.

그 후 선생님께 잘 보이고 싶은 생각이 들었다. 그래서 수업시간에 대답을 열심히 하고 노트 필기도 정성들여 하였다. 그러다 보니 수업이 더 재미있고 흥미 있었다. 윤리와 사상은 암기과목보다 깊은 사고를 필요로 하는 과목이기 때문에 이전에는 좀 지루하였는데, 그때부터 수업시간에 열심히 집중하였고 그러다 보니 선생님이 나를 눈여겨보는 것 같았다. 그 결과 기말시험에서도 좋은 성적을 거두었다. **공부와는 직접 관련이 없지만 선생님의 사소한 말씀이 수업에 더 집중하고 좋은 성적을 받는 계기가 되었다.**

사례 103 교사의 작은 격려에 힘입어 자신감이 생기고 학교생활을 즐겁게 함

나는 중학교 때까지 친구들과 잘 어울리지 못하고 공부를 잘하는 편도 아니어서 소심하고 자신감이 없는 아이였다. 이런 나 자신의 모습을 바꾸고 싶었지만 어떻게 해야 할지 몰랐고, 시간은 그저 흘러만 갔다.

고등학교 때 반장선거를 앞두고 담임 선생님은 반장을 희망하는 사람은 미리 알려달라고 하였다. 나는 반장을 하고 싶은 마음이 약간 들었지만 자신감이 없어서 망설였다. 그러다 쉬는 시간에 선생님께 **"선생님 저같이 소심한 아이도 반장을 할 수 있을까요?"**라고 물었다. **선생님은 일 초의 망설임도 없이 내가 당연히 할 수 있고 무척 잘할 것이라고 격려를 해 주었다.** 선생님의 격려에 힘입어 반장 후보에 지원해 반장이 되었고, 이후에도 **선생님의 많은 격려를 들으면서 자신감이 생겼다. 이 일은 내 학교생활을 즐겁게 만들었고 학교와 선생님을 좋아하게 된 결정적인 계기가 되었다.**

〈해설 및 이론〉

교사가 아이에게 하는 말은 마법과 같은 힘을 발휘한다. 교사의 진심 어린 격려와 긍정의 말은 아이를 변화시킬 수 있다. 아이에게 조언과 격려를 아끼지 않으면 아이는 동기부여가 되고 학교생활을 열심히 하는 힘을 얻는다. 교사가 아이와 대화하고 아이의 말을 들어 주는 것만으로 아이는 힘과 자신감을 얻는다. **아이**

를 격려하고 따뜻하게 감싸 주면 아이는 고마워서 보답하고자 열심히 하려고 한다. "할 수 있어!", "가능성 있어, 열심히 해 봐" 하는 희망적인 말에 아이는 용기를 얻어 도전한다. 반대로 "어려워, 안 되겠는걸, 가능성 없어"라는 말에 아이는 주눅 들고 포기한다.

〈효과적인 칭찬 요령〉

칭찬은 학생의 활동이나 결과에 대한 단순한 평가가 아니다. 학생이 그 일을 하기 위해 기울인 노력과 과정을 알고 성과를 인정하는 종합적 언어활동이라고 할 수 있다. 예를 들어 교사를 도와 학급 문고의 책을 정리한 학생에게 "잘했어! 수고했다. 고마워" 하는 것보다 "책들이 다 정리됐구나! 이제 각자 자기가 원하는 책 찾기가 쉬워질 거야. 정말 수고했어. 고마워." 식으로 하는 칭찬이 학생의 활동에 대한 노력을 인정하고 그 의미를 알아주는 표현이다. 이러한 칭찬은 앞으로도 학생이 비슷한 상황에서 스스로 모범적인 행동을 할 수 있도록 동기부여를 심어 줄 수 있다.

칭찬 과정에서 가장 중요하게 유의할 점은 단순하게 "착하다! 잘했다" 식의 상대의 인격을 평가하는 표현을 금해야 한다.[35] 그보다는 **학생의 행동을 통해 교사가 어떤 만족(즐거움, 감사함 등)을 얻었는지 표현**하는 게 필요하다. 멋진 연주를 한 학생에게 "넌 참 연주를 잘하는 구나!" 보다 "네 연주를 들으니 마음이 편해졌어. 고마워" 하는 식으로 상대를 인정하는 게 더 효과적인 칭찬인 것이다.

또 **문학적인 언어로 표현하는 칭찬**이 필요하다.[36] "너는 글을 그림처럼 아름답게 썼구나! 네 글을 읽으면서 기분 좋은 상상을 했어"와 같은 여운이 있는 칭찬은 학생의 생각과 추론을 유도한다. 그러면서 당시의 상황이나 자신의 행동, 상대방의 반응, 앞으로의 다짐 등을 확실히 기억하게 해 주며 학생 스스로가 자신의 가치를 깨달을 수 있게 해 준다.

마지막으로 **질문도 의미 있는 칭찬이 될 수 있다.** "한참 고민하더니 잘 풀었구나! 그래 어떻게 그런 방법을 찾아냈니?", "잘했네! 문제 풀면서 어렵지는 않았어?" 하는 식으로 학생의 속감정(의도)을 읽고 학생이 문제 상황을 어떻게 해결했는지 궁금해하는 질문을 하면 학생은 답변 과정에서 자신감과 자존감을 높이고, 교사가 학생에게 무엇을 원하고 의도하는지를 자연스럽게 이해할 수 있게 된다. 그러면서 아이는 다음에 이와 같은 비슷한 상황에서 때 더 신중하고 깊이 있는 행동을 하게 된다. 효과적인 칭찬과 격려 방법을 알고 잘 활용한다면 보다 더 효과적인 결과를 거둘 수 있을 것이다.

사례 104 교사의 격려에 힘입어 용기 내어 참여한 일에서 재미를 느끼고 적성을 찾음

고등학교 때 나는 소심하고 말이 적은 편이었다. 어느 날 선생님이 나에게 도내 과학 행사에서 부스 안내 역할을 권하였다. 나는 소심한 성격 때문에 낯선 사람들에게 설명을 잘할 수 있을지 걱정이 된다면서 거절을 했다. 그러나 선생님은 **"우리 부스에서 전시하는 것은 과학을 이용한 미술이야. 너는 미술에 소질이 있으니 잘할 수 있을 거야"**라고 용기를 북돋아 주었다.

부스 안내는 긴장되고 많이 떨렸지만 선생님의 조언에 힘입어 자신감을 가지고 임했다. 그 후 부스를 방문하는 사람들을 최대한 친절히 대하며 안내하여 성공적으로 부스 안내를 마치게 되었다. 이 경험은 내가 다른 사람과 함께하는 일에 용기와 재미를 느끼고 나아가 미술 교사를 꿈꾸는 계기가 되었다. **단순한 부스 안내 경험이지만 적성을 찾는 계기가 되었다.**

사례 105 교사의 진심 어린 피드백, 격려, 지원이 아이의 진로 결정에 큰 영향을 줌

초등학교 때 담임 선생님은 나에게 큰 영향을 주었다. 소설가를 막연히 동경하던 나는 가끔 소설이나 만화를 창작해 친구들과 선생님에게 보여 주었는데, 그럴 때마다 **선생님은 나에게 진심 어린 피드백을 주었고, 내가 쓴 일기에 역시 '작가가 될 사람이라 그런지 일기도 남다르네!'와 같은 쪽지를 붙여 주었다.** 그런 선생님의 격려 덕분에 글짓기에 자신감이 붙어 교내외 글짓기 대회에 참여했고, 좋은 성적을 얻었다. 작가에 대한 꿈도 점점 굳어져 갔다.

그러던 어느 날 선생님이 '신춘문예'에 대해 소개해 주었다. 나는 신춘문예 사이트에 가입해 작은 글을 올렸는데 이 과정에서도 선생님은 계속해서 도움을 주었고, 내 글에 하나하나 감상평을 적어 주었다. 이렇게 **선생님의 지속적인 관심과 격려는 나에게 긍정적 영향을 주었다.**

사례 106 진로 변경에 대하여 고민할 때 교사의 응원과 격려가 큰 버팀목이 됨

고등학교 3학년 때의 일이다. 어렸을 때부터 취미로 음악을 계속해 왔지만, 막상 음악 쪽으로 진로를 정하는 것에 아직 확신이 없었다. 그러다가 학교 축제에서 무대 감독을 맡아 준비하면서 음악에 적성이 있다는 것을 깨달았다. 그런데 일반고 이과계열 반에서 약대를 희망하던 내가 갑자기 음악 쪽으로 진로를 바꾸고 싶다고 얘기했을 때 부모님과 선생님이 보이실 반응이 걱정되었다. 당연히 처음에 약간의 반대가 있었지만 확고한 내 주장에 **담임 선생님은 내 꿈을 응원해 주었고, 진로에 대해 적극적인 상담과 진학 고민을 함께해 주었다.**

그런데 시간이 갈수록 겉으로 확고한 척, 자신 있는 척했지만 속으로는 클래식을 처음 접해 보는 것이기에 '과연 내가 잘한 선택일까?' 하는 걱정과 불안이 많았다. 그런 고민은 입시를 준비하면서 점점 더 커져 갔다. 그럴 때마다 담임 선생님의 **"넌 꼭 합격할 거야"라는 따뜻한 격려와 응원은 정말 큰 버팀목이 되었다.** 그 버팀목에 의지하며 이론과 실기를 병행하며 노력한 결과, 6개월 만에 실기곡을 완성하였고, 희망하는 대학에 입학하였다.

사례 107 교사의 과한 칭찬과 격려에 부담감을 갖고 그 과목만 열심히 한 결과 다른 과목 성적이 떨어지게 됨

평소에 한문을 좋아하고 한자에 자신감이 있던 나는 고등학교 때 중간고사에서 한문을 100점 받고 과목에서 전교 1등을 했다. 한문 선생님은 나를 교무실에 불러 '**한문 100점에 1등을 하다니 정말 대단하네. 선생님이 매우 뿌듯하다. 1학기 기말고사와 2학기 때도 1등 하자!**'라고 하면서 **칭찬과 격려**를 해 주었다. 선생님의 말씀을 듣고 처음에는 기쁘고 자신감이 생겨서 좋았고 '한문 전교 1등'이라는 단어를 떠올린 순간 선생님의 기대에 부흥하기 위해서 한문을 더욱 집중적으로 공부하게 되었다.

하지만 다른 과목 공부를 뒷전으로 미루게 되어서 결국 한문에서는 좋은 결과를 얻었지만 다른 과목 점수는 낮게 나오게 되었다. 선생님은 한문에 더 관심을 가지고 열심히 하라는 뜻으로 하신 말씀이 나에게는 '**반드시 1등을 해야 한다**'라는 부담감으로 작용하여 다른 과목 공부를 소홀히 하게 된 것이다.

사례 108 교사의 과한 주목과 칭찬이 부담이 되어서 가장 기다리던 교과 시간이 가장 도망치고 싶은 시간이 됨

고등학교 때 ○○수업을 가장 좋아했다. 국어, 영어, 수학 과목보다 부담이 적었고 재미가 있었다. 또한 선생님이 좋기도 했다. 선생님은 모르는 것을 물을 때마다 친절하게 알려 주었고 먹을 것도 하나씩 챙겨 주었다. 그런 선생님 덕분에 ○○과목에 흥미가 생겼던 것 같다. 내 자리는 가운뎃줄 앞에서 두 번째였기 때문에 선생님의 시선을 온몸에 받으며 수업에 적극적으로 참여했다. **내가 대답도 잘하고 질문도 많이 했기 때문에 선생님은 다른 아이들보다 나를 많이 주목하였다.** 선생님이 질문해서 다른 아이들의 대답이 없으면 꼭 나를 지목하여 시키곤 하였다.

처음에는 내가 공부를 열심히 하고 있다는 것을 인정받는 기분이 들었다. 그런데 선생님은 이후로도 계속 **수업시간마다 매번 나를 많이 지목하였다. 정답을 말하면 "역시 잘하네"** 칭찬을 하고, 틀린 답을 말하면 선생님의 표정에서 약간의 실망이 보였다. 그런 선생님의 표정에서 '대답을 잘해야지'라는 생각과 함께 부담감이 들었다.

그러다 보니 시간이 지나면서 처음엔 ○○수업시간을 손꼽아 기다렸는데, **언제부터인가 가장 부담되는 시간이 되었다.** 선생님의 지목을 피하기 위해 일부러 맨 뒷자리에 있는 스탠딩 책상에서 수업을 듣거나 친구한테 자리를 한 시간 바꿔 달라고 할 정도로 **부담감을 느꼈다.** 일부러 선생님의 눈을 피하다 보니 수업에 집중력과 흥미가 떨어졌다. **제일 좋아하고 기다리던 시간이 이제 제일 피하고 도망치고 싶은 시간이 되어 버린 것이다.** 선생님이 일부러 의도한 것은 아니었지만 나에게는 부담감과 부정적 영향을 끼친 경험이었다.

사례 109 교사가 불러 준 별명에 익숙해지면서 자신을 특별한 존재로 여김. 이후 교사의 격려에 힘입어 도서부장 역할을 성공적으로 수행하면서 학교생활에 흥미를 갖게 됨

초등학교 6학년 이전까지 나는 공부에 대해 관심이 없었고, 매사에 부정적 생각을 많이 하였다. 툭하면 '이건 왜 해야 하는 거지?', '나는 왜 이렇게 평범할까?' 같은 생각을 하며 쉽게 우울했고 매사에 자신감도 없었다.

6학년 학기 초, 선생님은 "선생님이 너희 모두에게 별명을 하나씩 지어줄게"라고 하였다. 처음에 나는 '그건 왜 짓는 거야?'라고 삐뚤어진 생각을 하였다. 선생님은 아이들에게 하나둘씩 별명을 지어 주었다. 내가 받은 별명은 '~~'이었다. 이름이 ~~를 닮았고, 항상 인상을 찌푸리고 있다는 점이 이유였다. 그다지 특별할 것이 없는 별명이었다. 솔직히 왜 그렇게 지었는지 이해할 수가 없었다. 이후부터 선생님은 아이들의 이름보다 별명으로 많이 불렀다. '~~야.'

아이러니하게도 시간이 지날수록 **별명에 익숙해지는 나를 발견하였고, 신기하게도 지금껏 나를 평범하게 보던 인식이 점차 바뀌기 시작했다.** '~~'라는 이름을 가진 사람은 세상에 많을지라도, '~~'라는 별명을 가진 사람은 드물 것이라는 생각이 들었다. **이후로 나는 나를 특별한 존재로 생각하게 되었고, 자신감도 높아졌다.**

당시 나는 공부에 흥미가 없었다. 수업시간에 잠만 자기 일쑤였고, 숙제 안 하는 것은 당연한 일상이었다. 그때 선생님이 내게 도서부장을 맡을 것을 제안하였다. 처음엔 거절하였지만 선생님은 **"넌 잘할 수 있을 거야. 상상력이 풍부하니까 도서부장을 맡아 이벤트 진행도 잘할 거야"**라는 말씀을 하며 **권유**하였고 결국 맡게 되었다.

처음 부장 일을 맡다 보니 도서명을 적고 부원들을 관리하는 일이 힘들었다. 그때마다 **선생님은 충분히 잘하고 있고 도움이 필요하면 언제든 말하라며 격려해 주었다.** 나는 책 행사 준비를 위해 이런저런 책을 읽으면서 책 읽는 것에 재미를 느꼈다. 책과 관련된 내용을 교과서에서 조사하기도 하였다. 예를 들어 서희의 일생을 다룬 책을 읽고 당시 고려의 상황을 알기 위해 역사 교과서를 공부하였다. 이러한 과정에서 **공부에 흥미가 생겼고 책임감도 느꼈다.** 선생님의 권유와 격려로 수행한 **도서부장 경험은 지금의 나를 만든 소중한 경험이었다.**

〈해설 및 이론〉

학생에게 별명을 지어 주는 것이 교육적인지는 신중한 검토가 필요하다. 만약 별명 짓기가 필요하다면 먼저 아이에게 별명 짓는 것에 대해 어떻게 생각하는지 미리 물어보고 아이의 의견을 반영하거나 조별로 같이 짓는 것이 좋을 것이다. 별명 짓기는 학기 초 학급 구성원이 과거 자신의 별명과 관련된 일화나 에피소드 등을 자유롭게 공유하며 서로를 알아 가는 시간을 갖는 것은 **학급만들기**(building classroom)에 유익하다.

사례 110 수능에서 해당 과목을 선택하지 않는 학생에게도 이것저것 친절한 조언을 하고 배려를 아끼지 않는 교사의 모습에 미안함과 고마움을 느끼고 수업에 열심히 참여함

고등학교 3학년 2학기에 아이들은 수시모집에 지원하느라 정신이 없고, 이미 수시 전형에 반영되는 학생부는 끝이 났기 때문에 대부분의 학생들은 내신 성적에 별다른 신경을 쓰지 않았다. 나 역시 정시까지 갈 생각은 하지 않고 수시 학생부종합전형에 지원을 하였다. 그리고 자기소개서 작성과 면접 준비에 신경을 쓰느라 학교 수업에 집중하지 않았다. 당시 나는 수능 선택과목으로 ○○과목을 선택하지 않았다. 보통의 탐구영역 선생님은 학생이 자기 과목을 선택하지 않으면 그 아이에게 큰 관심을 갖지 않는다.

하지만 ○○과목 선생님은 모두에게 골고루 신경을 써 주었다. ○○과목을 선택하지 않은 아이들이 자기소개서를 작성하거나 면접을 준비할 수 있도록 배려해 주었다. 수업 중간 아이들이 문제를 풀거나 자습하는 시간에는 해당 과목을 선택하지 않고 수시를 준비하는 아이들에게도 이것저것 친절한 조언을 아끼지 않았다. **나는 선생님의 친절과 배려에 감동하면서도 한편으로 미안한 마음이 들었다.** 이렇게 우리를 많이 위하고 애쓰는데 수업에 딴짓하는 것이 미안하였다. **그래서 ○○과목을 선택하지 않았음에도 불구하고 그 수업시간에 열심히 듣고 집중하였다.**

사례 111 고생한 아이들을 달래다가 같이 울고 슬퍼하는 교사의 공감 어린 모습에 감동하고 이후로 교사를 더 따르고 존경하게 됨

중학교 때 우리는 담임 선생님이 담당하는 영어 웅변대회 준비를 위해 한 달 전부터 매일 점심시간과 방과 후에 대회 준비에 매진했다. 영어 웅변대회는 학교 밖 외부인사들도 참관하는 큰 행사였다. 당일날 우리 반은 대회에 참가하는 친구들을 응원하기 위해 플래카드를 만들어 대회장소로 갔다.

그런데 한 친구가 긴장을 많이 해서 준비한 내용을 모두 잊어 먹고 발표를 엉망으로 하였다. 그 친구는 본인 때문에 큰 행사를 망쳤고, 또 열심히 준비한 것을 제대로 보여 주지 못했다는 생각에 엉엉 울었다. 같이 준비하였던 친구들도 당황하면서 눈물을 흘

렸다. **그때 선생님이 고생한 친구들을 달래다가 같이 우셨다. 친구들을 진심으로 위하고 같이 공감하는 선생님의 모습이 매우 인상적이었다.** 교사가 학생에게 공감하는 것이 얼마나 중요하고 큰 영향을 미치는지를 깨닫는 소중한 경험이었다. 이후로 담임 선생님을 더 존경하며 따르게 되었고, 학생을 진심으로 위하고 사랑하는 교사가 되고 싶다는 생각을 하였다.

사례 112 학생의 철없는 반항을 혼내기보다 묵묵히 고민을 들어 주는 교사에게 고마움을 느끼고 이후 학교생활에 성실히 참여함

중학교 때까지는 시험기간을 제외하고는 저녁시간에 별도로 공부한 적이 없었다. 그저 학교가 끝나면 밖에서 놀다가 저녁노을을 보면서 귀가하였다. 그러나 고등학교 입학 후 야간자율학습을 하면서 일상이 달라졌다. 1학년은 일주일에 세 번 아홉시까지 야간자율학습을 하였다. 나는 좁은 책상에서 늦게까지 공부하는 것이 익숙하지 않아서 매우 힘들었다. 시험기간도 아닌데 밤늦게까지 학교에 남아서 공부하는 것이 이해가 되지 않았다. 참다못해 선생님께 찾아가서 야자를 왜 하는지 모르겠고 학교 밖 공원에 가서 잠시 쉬다가 오고 싶다고 말씀드렸다.

선생님은 말없이 외출증을 끊어 주고 공원에 같이 가 주었다. 가는 동안 선생님은 아무 말씀도 하지 않았다. 공부를 안 한다고 나무라거나 공부를 열심히 하라는 말씀도 없었다. 또 왜 야자를 해야 하는지 설명도 하지 않았다. 그저 말없이 같이 걷고 벤치에 앉아 공원에 있는 소나무에 대해 말한 것이 전부였다. 선생님 말씀의 내용은 '소나무는 뿌리가 깊어 흔들리지 않고 서 있을 수 있다'라는 것이었다. 선생님과 나는 말없이 학교까지 함께 걸어왔다. 그날 걷던 해질녘 길은 지금도 또렷이 기억난다.

나를 나무라지 않고 묵묵히 함께 동행하고 내 고민을 하찮게 여기지 않는 선생님이 고마웠다. 학생을 단순히 혼내고 가르치는 대상으로 보지 않는 것에 감사했다. **그날 이후 성실히 야간자율학습에 임하였다.** 여전히 해 지는 풍경을 보는 것이 좋고 왜 밤늦게까지 학교에 남아 있어야 하는지 이해하지 못했지만, **나를 이해하려는 선생님을 실망시키고 싶지 않았기 때문이었다.**

선생님 덕분에 나는 1학년 야간자율학습에 성실히 임하였고 2, 3학년 야간자율학습

에서도 열심히 공부하였다. 졸업식 날 선생님 덕분에 3년을 잘 견딜 수 있었다고 감사 인사를 드렸는데 선생님께서 뿌듯한 표정을 지으며 말씀하였다. 그때 소나무에 대해 이야기해 준 건 본인이 생각해도 참 멋있었다고 말이다.

사례 113 교사의 긍정적인 칭찬에 교사를 따르고 친밀한 관계를 유지하면서 좋은 수업 분위기가 만들어짐

고등학교 때, 선생님의 수업 첫 말씀은 '너희들을 보고 있으면 기분이 좋아지고 힘이 나. 우리 예쁜 ○○반'이었다. 그 후로도 언제나 선생님은 수업 전에 우리들의 좋은 점을 이야기해 주고, 칭찬해 주었다. **들을 때마다 우리가 정말 괜찮은 사람이라는 느낌이 들었고, 선생님을 사랑하고 존경하는 마음이 생겨났다.** 나뿐만 아니라 반 전체가 선생님을 진심으로 따르고 친밀하게 지냈다.

좋아하는 선생님의 수업이다 보니 다른 시간보다 집중하였고 내용이 흥미롭게 느껴졌으며, 졸거나 자는 아이가 거의 없었고, 선생님이 질문을 하면 전체가 크게 대답하곤 했다. 따뜻하고 편안한 분위기라 다른 수업시간에 비해 학생들의 질문도 많을 만큼 수업 분위기가 정말 좋았다.

사례 114 수업시간에 부담을 주지 않고 편하게 대해 주는 교사에게 호감을 가지면서 자연스럽게 해당 과목에 흥미가 생기고 수업에 적극 참여함

수능에서 한문을 선택하는 학생들이 거의 없었기 때문에 고3 학생에게 한문은 그렇게 중요한 과목이 아니었다. 나도 한문을 공부할 생각이 별로 없었다. 그래서 한문시간에 다른 과목을 공부하거나 편하게 쉴 생각을 했다. 한문 선생님 역시 교양수업 같은 느낌으로 편한 수업을 하였다. **그렇게 수업시간에 선생님과 잡담이나 이런저런 이야기를 나누며 선생님에 대한 호감이 생겼다.** 선생님의 이야기를 들으며 배우는 것이 많았고 본받고 싶은 점도 많이 생겼다. **무엇보다 학생을 사랑하는 마음이 느껴져서 너무 좋았다.**

이후 한문수업에 적극적으로 참여하였고, 한문에 대한 흥미가 생기고 한문을 재미있게 공부하게 되었다. 그 결과 교내 한문 경시대회에서 상을 받았다. 대학에서 한문을 접하는 일이 많이 있는데, 고교 때 배웠던 한문이 꽤 유용해서 지금까지도 기억에 남는다.

〈해설 및 이론〉

교사의 좋은 표정, 미소, 태도, 반응은 좋은 수업 분위기를 조성하여 학생의 감성을 자극한다. 교사의 좋은 표정, 미소, 태도, 반응은 딱딱하지 않고, 즐겁고 유쾌한 수업 분위기를 조성하여 학생의 감성을 자극한다.

수업 분위기가 즐겁고 유쾌하고 화기애애하면, 수업에 태만한 학생, 학습에 무관심한 학생, 심지어 수업을 노골적으로 거부하는 학생의 마음을 움직여 수업에 몰입하게 한다. **"이게 뭐지?"** 수업 초반에 **'대충 때워야지. 딴 것 해야지'**라고 마음먹은 학생도 즐겁고 유쾌한 수업 분위기에 이끌려 수업에 참여하게 된다.

교사의 작은 태도 하나가 큰 차이(결과)를 초래한다. 겉으로 보기에 무난하게 수업을 진행하는 것 같지만, 무언가 2% 부족한 교사, 이들의 표정과 태도에서 부족이 미묘하지만 드러난다. 교사 마음속에 내재한 성의 없음, 열정 부족, 심지어 분노나 불만 등은 표정과 태도, 말투에서 드러날 수밖에 없다. **'그냥 하지 뭐. 내가 혼자서 어떻게 할 수 없잖아?'**라는 생각은 교사의 표정과 태도, 말투에서 미묘하게 드러난다. **아이들은 이 미묘함을 정확하게 감지한다.**

교사의 표정, 태도, 마음가짐, 말투, 반응은 잘 보이지 않고 작은 것처럼 보이지만 아이의 **흥미, 태도, 동기 등에 큰 영향을 미친다.** 반대로 보면 이들 요소는 화기애애한 수업 분위기 조성에 매우 중요한 요소이다. 교사의 미묘한 표정, 미소, 태도, 언어 등에 아이는 감동받고 수업에 빠져들게 된다. 좋은 수업 분위기를 조성하여 아이의 감성을 자극하는 수업은 아이의 닫힌 마음을 열어 **수업에 적극 참여하게 한다.** 전통적인 교수학습이론에서 교사의 표정, 태도, 마음가짐, 말투 등은 미묘하고 눈에 보이지 않음으로 인해서 비중 있게 고려되지 않았다. 그러나 이런 요소들은 성공적인 수업을 위해 꼭 고려되어야 한다.

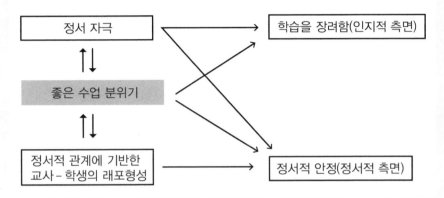

[그림] **몰입과 정서를 유발하는 수업 분위기**

1) 아이의 감성을 자극하는 수업

• 교사는 자신을 **공연자(performer)**로 간주하고 강력한 현존감을 전달하고, **감성을 자극하는 목소리, 말투, 태도, 몸짓과 움직임**을 통하여 아이의 감성자극을 유발할 수 있다.

• 감성자극이 촉진되면, 아이는 수업에서 즐거움, 편안함, 정서적 안정을 느끼게 되고 그러면서 수업에 적극 참여하게 된다.

2) 교사-학생의 관계(래포) 형성

• 정서적 관계에 기반한 교사-학생의 **래포형성은 좋은 수업 분위기를 매개로 하여 학습을 장려한다.**[37] 또한 교사-학생 래포 자체가 아이의 정서적 안정에 기여한다.

• **정서적인 관계(emotional bonds)를 기반한 교사-학생의 래포는 신뢰, 존경과 돌봄의 정서적인 관계를 기본으로 한다.**

• 교사-학생의 래포는 교사가 학생에게 관심을 보인다는 의미이며, 아이에게 동기부여, 즐거움, 상호의존적 학습을 자극한다. 수업이 교사만의 책임이 아

니라 학생 자신도 책임감을 갖게 하여 공동수업을 촉진한다.

따라서 학생과 좋은 관계 형성을 위해서 교사는 부정적인 감정의 자극, 즉 불안과 분노 등을 피해야 한다. 대신 학생이 존중을 받고 있음을 느끼도록 **긍정적인 분위기 형성, 반응, 의사소통이 필요하다.** 비난, 비판, 판단 등의 비효과적인 의사소통을 줄이고, 학생에 대한 주의 깊은 **이해 및 공감, 지원, 속감정의 대화(너-속 감정 메시지, 나-감정 메시지)** 등을 적극 활용해야 한다.

종합하면 좋은 수업 분위기를 조성하는 과정에는 다음이 요구된다.
• 교사-학생, 학생-학생의 정서적 유대관계 형성하기
• 관계를 회복하는 의사소통하기
• 구체적으로 학생의 감성을 자극하는 교사의 좋은 표정, 미소, 태도, 언어적 반응 등이 요구된다.

좋은 수업 분위기에서 아이는 편안하고 정서적 안정을 느끼게 되며, 교사-학생은 상호신뢰에 기반한 관계를 유지하게 된다. 좋은 수업 분위기에서 인지적으로 기억과 재생, 전이가 더 잘 일어난다. 이유는 인지와 감정이 서로 긴밀하게 연결된 혼재된 덩어리(mixed together chunk)로 존재하기 때문이다.[38]

나. 학급인성교육: 교사가 아이의 정서와 인격형성에 미치는 영향

사례 115 **조례시간을 이용한 좋은 글 읽기 활동이 학생의 가치관에 긍정적 영향을 미침**

고등학교 조례시간에 '심력 키우기' 시간이 있었다. 학생들은 수업 시작 전 10분 동안 인성교육 관련 덕목-정직, 책임, 존중, 배려, 공감, 소통, 협동 등-에 관한 좋은 글을 읽고 느껴 보는 시간을 가졌다. '심력 키우기' 시간은 다음과 같이 4단계로 운영되었다.

1단계: '관찰하기' - 글을 읽고 감명을 받은 문장이나 낱말을 표시한다.

2단계: '느낀 점 적어 보기' - 왜 그런 느낌이 들었는지 이유를 구체적으로 적는다.

3단계: '적용하기' - 오늘 나의 생활 가운데 실천할 수 있는 것을 한두 가지 적는다.

4단계: '평가하기' - 다음 날 적용하기 내용의 실천 여부를 표시해 본다.

친구들은 크게 관심을 기울이지 않았지만 나는 이 시간이 좋았다. '오늘은 어떤 내용일까?' 하고 그 시간이 기다려지곤 했다. 당시 나는 내성적인 성격으로 생각과 고민이 많아 어떤 때는 한 생각에 빠져 일상생활에 지장을 받을 정도였다. **그러던 어느 날 읽기자료로 나온 '사소한 것에 연연하지 않는 10가지 지혜'라는 글을 읽고 큰 위로와 감명을 받았다.** 나는 인상 깊은 문장마다 간단히 나의 생각을 적어 나갔다. '심력 키우기' 시간은 나의 학교생활에 큰 영향을 미쳤다.

〈해설 및 이론〉

학생은 교사에게 다양한 면으로 영향을 받게 된다. 학교교육에서 학생에게 가장 큰 영향을 미치는 요인이 교사 요인이다. 실제로 **학생이 교사로부터 지원받고 있다는 인식은 학생들의 자기효능감과 학업성취도에 큰 영향을 미친다.**[h][39]

사례 115는 담임교사가 학생들에게 매일의 조례시간을 이용하여 실천한 인성교육 사례이다. 사례의 학생은 이 활동을 통해 인격적 성장을 경험했다고 고백하고 있다. 반면, 학교에서 교육과정을 성과주의적으로 운영할 경우, 인성교육활동은 형식적 수준에 그칠 수 있다. 형식적 교육활동은 오히려 역효과를 낼 수 있다. 예를 들어, 정형화되거나 실적 쌓기 위주의 교육활동이 될 경우, 학생들의 참여를 유도하기 위해 강압적 방식 또는 강화물을 사용하게 된다. 이는 학생들이 교육활

---

[h] * 교사 지원에 대한 측정변수는 다음의 세 가지이다.

① 나에게 관심을 갖고 따뜻하게 대해 주는 선생님이 계신다.

② 선생님이 열심히 가르쳐 주셔서 좋다.

③ 내가 힘들 때 적극적으로 도와주실 선생님이 계신다.

동에 참여하는 데 있어서 내재적 동기를 유발하지 못하고, 마지못해 참여하거나 상을 바라고 참여하게 되는 비교육적 효과를 낳게 된다.

사례 116 **학생들에게 먼저 인사하는 나이 많은 선생님을 보며 타인 존중을 배움**

고등학교 때 연세가 많은 선생님이 계셨다. 그럼에도 **선생님은 늘 우리보다 먼저 인사를 건넸고, 많은 학생들의 이름을 외우려고 노력하였다.** 선생님의 그런 모습이 우리에게는 매우 신선하게 다가왔다. 하루는 선생님이 교실에 들어오시어 한숨을 푹 쉬며 한 가지 부탁을 하였다. 그게 "가끔 자신의 인사를 받아 주지 않는 학생들이 있는데, 꼭 받아 달라"라는 것이었다. 그리고 선생님은 칠판에 인사(人事)라고 한자로 쓰신 후 "이것이 무엇을 의미하는가?" 하고 질문하였다. 학생들이 아무 대답 없자 선생님은 인사란 '사람으로서 해야 할 일'을 뜻한다고 설명해 주었다. 선생님이 우리에게 먼저 인사를 할 때마다 그때의 설명이 생각났다. 그때 이후 나는 **인사와 같이 사소한 행동 하나가 타인의 인격에 대한 존중을 표할 수 있음을 깨닫게 되었다.** 그리고 사람을 대할 때 나의 표정과 행동에 그들을 향한 존중심이 느껴지게 하려고 노력하고 있다.

사례 117 **기말시험 이후 어수선한 시기에도 성실하게 수업을 하는 교사의 모습이 학생들에게 감화를 줌**

중학교 3학년 때 선생님은 2학기 기말고사가 끝난 후에도 계속해서 수업을 하였다. 다른 대부분의 선생님들은 영화를 보여 주었는데, 선생님은 중학생들에게 비교적 어려운 심화학습내용으로 수업을 하였다. 처음에는 선생님의 그러한 행동이 이해되지 않았다. 하지만 **시간이 지나면서 선생님의 수업이 영화보다 흥미로웠으며, 강조하는**

부분은 노트에 스스로 필기하기도 했다. 이것은 나중에 고등학교 공부를 하는 데 도움이 되었다.

솔직히 우리도 교사 입장에서 시험이 다 끝난 학생들에게 자습을 시키거나 영화를 보여 주는 것이 편하다는 것을 안다. 그럼에도 불구하고 그분은 우리의 먼 미래를 내다보고 끝까지 수업을 하시는 것을 보고 **'나도 저렇게 학생들에게 도움이 되는 교사가 되자'**라는 생각을 하였다.

〈해설 및 이론〉

사례 116과 117은 교사 **모델링**에 대한 사례들이다. 교사 모델링은 교사의 솔선수범 또는 평소 교사의 인격적 언행을 보고 학생들이 감화를 받는 것이다. 홀리스틱(holistic) 교육은 교육의 중요한 요소로 모델링을 강조한다. 배려하는 자로서의 본보기를 보여 주는 교사가 바로 교육내용이고 교육방법이 되어야 한다.[40] 교사 모델링은 다양한 형태로 나타난다. 학생들은 선생님이 매일 교정의 쓰레기를 줍는 모습에 존경심을 갖는다. 또한 동료 교사들을 대하는 겸손한 모습에서 인격적 감화를 받는다. 모델링은 학생들에게 큰 영향을 미치는 강력한 인격형성의 기제이다.

사례 118 **선생님의 인격적 훈화와 배려를 보며 교사의 꿈을 키움**

나는 시골의 작은 초등학교에 다녔다. 학교는 언덕처럼 나지막한 산을 등지고 있었다. 평소 선생님은 뒷산에 올라 '동시 쓰기' 등 다양한 체험활동을 강조하였다. 또한 **선생님은 자주 "비록 너희는 작은 시골학교에 다니지만 너희가 꾸는 꿈은 누구와도 비교할 수 없이 크고 소중하다"**라고 훈화를 하셨다. 당시 선생님은 학생들의 고민과 어려움에 대해 관심을 갖고 늘 주의 깊게 들어 주고 위로해 주던 분이었다. 나는 어린 시절 선생님을 통해 낭만과 자연의 가치, 사랑과 용기를 배웠다. 그렇게 **선생님의 모습을 보면서 선생님의 꿈을 꾸기 시작했다.**

교사의 교훈적인 말 한마디가 학생의 가치관 형성과 삶의 방식에 큰 영향을 미침

중학교 때 담임 선생님은 수업시간에 숙제를 검사하면서 아이들에게 '시작보다 끝이 좋아야 잘한 것'이라고 말하였다. **그 말은 지금까지 내게 큰 영향을 주었다.** '시작이 반'이라는 말을 좋아했던 나는 말처럼 시작은 잘하고 끝으로 갈수록 흐지부지했던 적이 많았다. 그런데 **선생님의 말을 듣고 난 후부터 나에게 '끝마무리를 잘하자'라는 삶의 방식이 생겼다.** 비슷한 말이면서도 흘려들을 수 있는 말임에도 불구하고 내게는 성실함과 책임감을 상기시켜 주었다. **교사의 말 한마디가 학생에게 인생의 '좌우명'이 될 수 있다는 것을 깨닫게 되었다.**

격려하기보다 부족한 부분을 비인격적으로 지적하는 교사로 인해 의욕을 잃고 자존감이 낮아짐

나는 초등학교 때 책을 많이 읽었고 발표하는 것을 좋아했으며, 자기표현이 어렵지 않은 학생이었다. 중학생이 되었을 때 선생님은 영어 단어를 일주일에 약 100단어 정도 외우게 했고 화요일과 목요일에는 각각 50단어씩 단어 시험을 보았다. 단어 시험을 통과하지 못했을 때는 영어 단어를 써 오는 숙제를 해야 했다.

나는 선생님 말씀을 잘 듣고 성적도 꽤 좋은 학생으로 단어를 열심히 외웠다. 그런데 평소 암기하는 것이 약해서 암기할 때 연상법 등을 적용하여 외우려고 했지만 다른 친구들보다 시간이 많이 걸리고 어렵게만 느껴졌다. 그래서 금요일에 다음 주에 외워야 할 100단어를 받으면 주말부터 일주일 동안 꾸준히 외우기 위해 노력했다.

하지만 단어 시험에서 문제를 못 푸는 경우가 많았다. **스스로 자책하고 있는 나에게 선생님은 동료들 앞에서 "너는 게으르다" 또는 주변 동료를 가리키며 "쟤도 통과했는데 좀 더 열심히 해 봐라"라는 핀잔을 주었다.** 그런 말을 계속 듣다 보니 열심히 해야지 하는 의지가 생기기보다는 '나도 나름 열심히 했다고 생각했는데 이 정도면 나는 그냥 안 되는 게 아닐까?' 하고 생각하며 의욕을 잃게 되었다.

그 후로 나는 점차 의욕을 잃고 단어 외우기가 게을러졌다. 단어 시험도 통과하지 못하는 경우가 많아졌다. 그런 악순환이 반복되면서 **자존감이 낮아졌고** 발표도 잘하지 않게 되었다. 성적도 오히려 떨어지고 선생님 말대로 게으르게 행동하기 시작했던 것 같다. 그때부터 "난 못 해", "내가 어떻게 해"라는 생각들이 머릿속을 채웠다. 이후 낮아진 자존감을 되찾기 위해 고등학교에 진학하면서 부반장, 반장, 전교 학생부회장 등의 다양한 활동을 통해 다시 **자존감을 극복하기 위해 노력했지만 여전히 낮은 자존감을 가지고 있는 것 같다.**

사례 121 교사의 농담에 창피함을 느끼고 트라우마가 생김

초등학교 때 선생님의 말로 인해 트라우마가 생긴 경험이 있다. 수업시간에 선생님 질문의 정답이 "음식을 골고루 먹어야 한다"라는 것이었다. 나는 "밥을 골고루 먹어야 한다"라고 답했는데 선생님은 "밥을 골고루 먹는 것이 어떤 것이냐? 가운데 밥이 있고 가장자리 밥도 있냐?"라고 놀리듯이 물어봐 친구들이 웃었었는데 매번 발표할 때마다 칭찬만 받던 내가 그런 일을 겪으니 매우 창피했다. 그 뒤로 발표를 잘하지 않게 되었고 자신감을 많이 상실하였다. **선생님은 학생들을 웃게 해서 같이 화기애애한 분위기를 만들고 싶었던 의도에서 말씀하였지만, 그날 이후 나에게는 발표 트라우마가 생겼다.**

사례 122 교사의 부적절한 언행에 짜증과 불쾌함을 느낌

고등학교 때 선생님은 학생들에게 거친 말을 자주 하였다. 예를 들면 '수업시간에 **잘거리면 차라리 창문에서 뛰어내리세요.**' 같은 식의 말을 하였다. 선생님은 이런 말을 하는 것이 학습에 자극이 되고 정신 차리라고 하는 말이라고 하였다. 하지만 학생들은 '왜 저런 말까지 들어 가면서 공부를 해야 되나? **공부에 자극이 되기는커녕 오히려 짜증나고 불쾌하다**'라는 반응이 대부분이었다. 학생들은 선생님에게 직접 그러지 말아 달라고 말하기도 하고 교원평가에서 불만사항을 기재했지만 멈추지 않았다. 결국 어떤 학부모의 이의 제기가 있은 뒤로 선생님은 학생들에게 사과와 함께 거친 말을 그만두었다.

사례 123 다른 학생들과의 공개적인 비교 때문에 자신감이 떨어지고 진로 변경까지 고민함

나는 예술고등학교를 다녔다. 학교에서는 학생들의 실기능력 향상을 목적으로 미술 강사를 채용해 실기수업을 진행하는 경우가 많았다. 학생들은 다른 친구들의 그림에서 좋은 점을 보고 자신의 그림에서 부족한 점을 찾아야 한다는 선생님의 지도에 따라 실기실 벽에 작품을 전시하였다. 그런데 선생님은 학생들의 그림을 자주 대놓고 비교하였다. 그때 **실기능력이 우수한 학생들은 선생님의 평가 시간이 기다려졌겠지만, 전문적으로 미술을 배워 보지 않았던 나는 곤혹스럽고 자존심이 상하는 순간이었다.** 이 순간을 만회하기 위해 학교 동료들이 다니지 않는 미술 학원에 다녔지만, 그곳에서도 실기력 향상을 목적으로 벽에 그림을 붙였고 **다른 사람들과의 비교 평가로 인해 좌절감은 더 커졌다.** 그래서 나는 학원도 더 이상 다니지 않았다.

학교에서 관심의 초점은 항상 잘하는 학생들에게 맞추어지는 느낌이었고, 선생님들의 관심도 우수한 친구들에게 집중되었다. 나는 다른 아이들과 비교받기 싫어 일부러 그림을 미완성하기도 했다. 나는 실기실에서 내 그림을 보고 가는 선생님들과 후배들 앞에서 당당할 수 없었다. **이런 과정을 반복하다 보니 나는 자신감이 떨어졌고 인문계로의 진로 전환도 고민했다.** 실제로 일부 학생들은 방향을 틀어 미술이 아닌 인문계로 진학을 준비했다. 선생님은 학생들의 실기능력 증진을 위한 좋은 의도로 작품 비교를 시작하였지만, 그 과정은 친구들 간의 격차를 느끼게 해 많은 학생에게 **좌절감**을 안겨 줬다.

사례 124 문제행동 학생들과 래포를 형성하기 위해 친하게 지내는 교사를 보면서 나머지 학생들이 소외감을 느끼고 그릇된 인식을 가짐

고등학교 때 겪었던 일이다. **선생님은 말썽 피우고 화장하며 노는 것을 좋아하는 학생들에게 먹을 것을 주거나 같이 장난을 치는 등 그 학생들과 함께하는 모습을 보이곤 했다.** 이러한 선생님의 모습을 학생들이 자주 목격하게 되면서, 학생들은 '**선생님 말씀을 잘 듣지 않더라도 성격이 활발하고 외모를 꾸미고 다니면 선생님이 좋아하신다**', '**선생님은 모범적이지 않아도 더 재미있고 활발한 애를 좋아하신다**'라는 생각을 하게 되었다.

선생님은 문제행동 학생들과 공감을 통해 래포를 형성하려 했으리라 짐작된다. 그러나 선생님의 의도와 달리 그런 행동은 다른 학생들에게 왜곡되고 그릇된 생각을 심어 주었다. 나도 선생님의 행동에서 문제의식을 느꼈다. 몇몇 문제 학생들에게 보였던 호의는 다른 학생들이 소외감을 느끼도록 하였고, 잘못된 인식을 갖도록 한 것이다.

사례 125 학생을 불신하는 교사에게 화가 나고 크게 실망함

고등학교 때 전국 모의고사에서 오답률이 높은 문제가 출제되었다. 시험 후 선생님은 수업시간에 이 문제를 맞힌 사람은 손을 들어 보라 하였고, 나는 직접 풀어서 맞혔기 때문에 손을 들었다. 선생님은 어떻게 맞혔냐고 물어보면서 설명을 해 보라고 하였다. 나는 지문을 이해한 대로 왜 그 부분이 어색한지, 주어진 문장이 왜 그 부분에 들어가야 하는지를 설명하였다. 하지만 **선생님은 제대로 듣지도 않고 중간에 말을 자르며 "그냥 네가 찍어서 맞힌 거 아니야?"라고 말씀하였다. 나는 이로 인해 선생님에게 큰 실망을 하게 되었다.**

선생님이 학생의 실력을 믿지 못하고 거짓말을 한다고 생각하는 것에 화가 났으며, 그 후에 내가 당황스럽다는 반응을 보이자 그것도 이해할 수 없다는 식으로 말한 선생님의 태도에도 매우 화가 났다. 설령 학생이 찍었는데 풀었다고 설명을 한다고 하더라도, **내가 선생님의 입장이었다면 일단 학생의 말을 들어 보고 판단을 했을 것이다.** 왜냐하면 그게 거짓말이든 아니든 학생에게 먼저 설명해 달라는 부탁을 했고 학생은 대답을 한 것이기 때문이다.

이 경험으로 사람들 사이의 존중과 신뢰가 얼마나 중요한 것인지 깨달았다. 내가 먼저 사람들을 믿지 않고 불신이 가득한 적대적인 태도로 대한다면 나 역시도 사람들로부터 믿음을 얻을 수 없거니와 존중받지 못할 것이라는 것을 알게 되었다.

사례 126 교사의 단 한 번의 부적절한 행동이 학생에게 모멸감을 주고 진로에까지 영향을 미침

고등학교 때, 탐구 과목 중에서도 흥미가 있던 것은 과학 과목이었다. 부모님과 1학년 선생님 모두 내가 2학년을 올라가며 이과를 선택할 것이라 생각하였다. 하지만 어느 순간부터 과학을 공부하는 것이 예전처럼 재미있게 느껴지지 않았고 부담스러워졌다. 수학 문제는 여전히 재미있었지만 과학 공부에는 도저히 흥미가 생기지 않았다. 탐구 과목에 흥미가 떨어졌고, 법의학자라는 꿈에도 회의감이 들던 때여서 문과를 가게 되었다. 내가 그때 당시 문과를 선택한 이유를 생각해 보면 이유가 고등학교 때 어느 물리시간에 있었다는 것을 깨닫게 되었다.

작용 및 반작용에 대해 배울 때였다. 물리 선생님 특유의 어투가 아이들에게 인기가 많았기 때문에 학생들의 집중도가 높은 수업이었다. 선생님의 설명을 들으면서 노트에 필기를 하고 있던 그때, 선생님은 내 앞으로 다가왔다. 고개를 들어 선생님을 바라보았더니, **갑자기 선생님이 내 머리를 손으로 팍하고 쳤다.** 어느 정도의 강도로 쳤는지는 기억나지 않지만, **그때 느꼈던 불쾌함이 아직도 생생하게 기억난다.** 선생님은 내 머리를 치고 다시 교탁 쪽으로 멀어지며 말하였다. "자 지금 내가 ○○○을 한 대 때렸죠? 이렇게 치고 나면 ○○○ 머리도 아픈데, ○○○을 친 내 손도 같이 아파요." 친구들이 모두 웃음을 터트렸다. 그리고 선생님은 뒤로 돌아서 칠판을 손으로 내려쳤다. "이렇게 칠판을 쳐도 똑같아요. 칠판에 가해진 충격이랑 내 손에 가해진 충격이 똑같아요. 이게 작용, 반작용이에요."

나는 이후로 물리 수업과 시험에 적극적으로 참여하고 싶지 않았다. 물리 공부에 노력을 기울이지 않았고, 이과를 가면 다시 한 학기 동안 물리를 들어야 한다는 것을 알게 되었다. 학교에 물리 선생님은 그분 한 명이었다. 학년이 올라가도 그 선생님을 다시 만나야 한다는 것이 부담스러웠다. **선생님에 대한 실망감이 과목에 대한 열정을 없**

앴고, 좋아하던 과목들을 통째로 바꾸어 놓았다.

선생님이 내 머리를 친 이유는 학생들에게는 집중력을 높일 수 있는 재미있는 예시가 필요하기 때문이었다. 마침 선생님의 눈에 보이던 것이 고개를 숙이고 필기를 하던 내 모습이었고, 선생님의 생각에는 그 행동이 학생들이 재미있어 할 흥미로운 예시였을 것이다. 하지만 나는 이 일을 계기로 그 **선생님에 대한 호감도가 떨어졌다.** 한 번의 물리수업 중 대략 5분간의 시간이 **내가 물리에 가졌던 흥미를 사라지게 했고, 내 인생에서 이과라는 선택지를 버리게 만들었다.**

사례 127 **교사의 잘못된 판단과 자격지심이 학생들에게 왜곡된 교사관을 심어 줌**

고등학교 때 음악시간은 내신에 반영되지 않는 과목이라 대부분의 학생들은 음악 선생님의 지도에 따르지 않고 수업에 소홀하였다. 음악 선생님의 지속적인 노력에도 불구하고 학생들은 각자 자신의 공부를 하거나 떠들면서 수업에 참여하지 않았다. 학기 중간쯤 결국 음악 선생님은 더 이상 수업을 못 하겠다며 울음을 터뜨렸다. 그때 음악 선생님은 학생들에게 자신의 수업에 적극적으로 참여하지 않는 이유가 자신이 기간제 교사이기 때문이냐고 물어보았다. 하지만 대부분의 학생들은 음악 선생님이 기간제 교사라는 사실을 몰랐고, **선생님의 그러한 말 때문에 친구들은 선생님 스스로 기간제 교사라는 사실에 큰 자격지심을 가지고 있으며 은연중에 기간제 교사가 정규 선생님들보다 실력이 떨어지는 선생님들이라는 인식이 생기게 되었다.**

그 후 같은 반 친구들은 우리 학교에 어떤 선생님들이 기간제 선생님들인지 찾아보게 되었고, 일부 선생님들이 기간제 선생님인 것을 알게 되면 예전보다 그 선생님들을 신뢰하지 않게 되었다.

사례 128 **학부모 공개수업에서 학생의 돌발행동에 대한 교사의 감정적 대응이 학생에게 부정적 영향을 미침**

초등학교 고학년 시절의 경험이다. 학부모님 앞에서 수업을 하는 날이 왔고 담임 선생님은 그날 선생님의 얼굴을 그린 후 특징을 말해 보는 수업을 했다. 나는 그날 기분이 안 좋았기 때문에 선생님도 싫었고 모든 게 싫었던 상태였다. 그래서 무작정 **불만을 표출하기 위해 손을 들고 선생님이 못생겼다고 크게 외쳤다.** 그러자 선생님은 당황하였고 **수업이 끝난 후 나를 크게 야단쳤다.**

그 후로 **선생님과의 관계는 매우 안 좋았는데, 선생님이 나를 안 좋아한다는 것을 다른 아이들도 눈치를 채 모두 나와 노는 것을 꺼려했다.** 그로 인해 아이들로부터 소외되고 자신감을 잃어 학교가 재미없었다. **이후로 수업시간에 적극 참여하지 않았으며 선생님이 얘기하는 모든 것을 부정적으로 받아들였다.**

사례 129 수업 중 교사와 학생의 공감의 눈 마주침이 학생의 정서와 성적에 긍정적 영향을 미침

고등학교 국어시간에 있었던 사례이다. 서정적이고 감수성도 많았던 나는 국어시간에 시나 소설을 배우는 것을 특히 좋아했다. 선생님은 책에 나오는 모든 글을 입으로 소리 내서 직접 읽으셨는데, 입담도 좋고 재치도 많아서 이야기들이 생생하게 전달되었고 내용을 이해하는 데도 많은 도움이 되었다.

선생님은 수업시간에 유독 나와 눈 마주침이 잦았다. **눈을 보면서 말씀을 해 주니 나도 그런 선생님의 얘기에 공감하거나 이해를 하면서 고개를 끄덕이며 경청을 하게 되었고, 선생님이 나를 보면서 수업을 하는 게 좋아서 계속 선생님의 눈에 띄고 싶어 수업에 열심히 참여했다.** 이렇게 수업시간 중 선생님과의 상호작용은 내가 수업에 집중하는 데 도움이 되었고, 상대방의 말에 경청하고 공감하는 능력도 키우게 되었다. 그 후 자연스럽게 국어성적도 향상되었다.

사례 130 교사의 열정적 수업과 깊은 애정이 학생들에게 긍정적 영향을 미침

고등학교 문학시간에 있었던 일이다. 학생들이 졸기 쉬운 점심시간 후 한낮의 오후 문학시간에 학생들은 한 명도 졸지 않았다. 다들 초롱초롱한 눈으로 문학 스토리 속에 빠져 있었다. 선생님은 그것을 가능하게 하였다.

선생님은 문학이라는 자신의 과목을 정말 좋아하였다. 그래서 선생님의 수업에는 자신이 알고 있는 그 세계를 전달하고 싶어 하는 열정이 고스란히 녹아 있었다. 아직도 나는 '가시리' 노래를 기억하고 있으며, 선생님의 목소리도 생생히 기억이 난다. 선생님의 열정은 성대를 수술할 정도였다. **그냥 가르치는 것이 아니라 선생님은 그 시대를 생동감 있게 연기하는 배우였고, 우리는 신기한 그 시대 모습을 한 장면이라도 놓칠까 시선을 떼지 못하는 관객이었다.**

그리고 선생님은 우리에게 큰 애정을 갖고 있었다. 자신이 가진 즐거움을 우리도 느끼길 원하였다. **수업 중간중간 우리를 바라보며 웃고 반응하였고 늘 친절하였다.** 학생 각자를 모두 소중하게 여기고 인격적으로 대하는 모습에 우리도 선생님을 그렇게 대하게 되었다. **문학 수업시간은 인격과 인격이 만나는 시간이었다.**

〈해설 및 이론〉

이상의 사례들은 교사의 관심 어린 활동과 언행이 학생에게 미치는 영향을 잘 보여 준다. 사례를 통해 교사의 역할은 교수자로서 역할뿐만 아니라 인격형성의 역할도 매우 중요하다는 것을 알 수 있다. 또한 학생의 잘못을 지적하는 교사의 언행에 대한 사례도 보인다. 120번 사례에서 교사는 다른 학생들과 비교하고 있으며, 인격을 모독하는 말을 하고 있다. 교사는 잘못에 대한 지적을 통해 행동을 수정하고자 하는 의도였지만, 오히려 학생의 자존감을 저해하는 비교육적 언행이 되어 버렸다. 교사는 어떻게 하면 학생의 감정을 상하지 않게 하면서도 행동을 변화시킬 수 있을까에 대하여 연구해야 한다. 이상의 사례들을 통하여 교사는 학생의 지적 성장뿐만 아니라 정서적 영향에도 큰 영향을 미친다는 것을 알 수 있다.

다. 기타 사례

사례 131 언행이 일치되지 않는 교사의 모습에 학생들이 실망하고 불신하게 됨

초등학교 시절 **담임 선생님은 매우 엄격하고 꼼꼼한 성격이었다.** 선생님은 청소를 굉장히 좋아하는 분이었는데, 학교가 끝나면 아이들이 남아서 청소하게 하였다. 선생님은 청소 검사를 꼼꼼하게 해서 학교가 끝나고 학원에 가는 아이들이 학원 차량을 놓치는 일이 빈번했다. **아이들이 청소를 빠지게 해 달라고 하거나 부모들까지 전화를 해서 아이들의 청소 당번을 빼 줄 것을 요구했는데 절대로 그럴 수 없다고 완강히 거절을 하였다.** 아이들은 불만이 많았지만 누구나 똑같이 청소를 하는 것이니 받아들이는 분위기였다.

그러던 중 교실 전화기로 통화를 하는 선생님의 통화내용을 들은 아이들은 분개하였다. **선생님은 우리와 동갑인 아들이 있는데 아들의 담임 선생님에게 학원에 가야 하니 청소 당번을 빼 달라고 부탁하는 내용의 전화였다.** 선생님은 우리에게 모두 다 청소에 참여해야 한다고 딱 잘라 말해 놓고 모두가 있는 교실에서 그런 통화를 하였다. 그 일로 아이들은 선생님을 더 싫어하게 되었고 더 이상 선생님을 신뢰하지 않았다.

4. 인권, 차별, 평등

가. 성 역할 인식, 성 고정관념

사례 132 교사의 성 역할에 대한 선입견이 학생지도에서 성 역할 강요로 나타남

학교에서는 남자와 여자가 평등하다고 가르치지만, 실제로 교사들은 남녀 학생들을 다르게 대한다. 여학생인 나는 어린 시절부터 '왈가닥'이었다. 여자아이들이 가지고

놀던 인형 대신 놀이터에서 뛰어놀던 내 손에는 항상 장난감 총과 플라스틱 총알 통이 들려 있었고, 학교 가방 속에는 고무 딱지가 한 움큼씩 들어 있었다. 어른들은 그런 나를 이해하지 못했고, 선생님들도 마찬가지였다.

 내가 만났던 선생님들 중에는 자신이 가정에서 했던 가부장적인 말과 행동들을 자랑스럽다는 듯이 얘기하는 선생님도 있었고, 남성 중심적인 언행을 하는 선생님도 있었다. 외향적이고 활발했던 나는 학교에서 **여자애가 조신하지 못하게 왜 자꾸 복도에서 뛰어다니냐는 등의 말을** 많이 들었다. 교과서에 남자와 여자는 평등하고, 남자가 하는 일과 여자가 하는 일은 구분이 없다고 나와 있지만 정작 그 내용을 가르치는 교사가 고정된 성 역할을 아이들에게 강요하는 경우를 많이 보았다. 내가 겪어 온 바로는 **선생님을 통해 아이들은 성 역할 규범을 무의식적으로 학습하였다.**

사례 133 교사가 학생의 성별에 따라 강조하는 교과내용이 달라서 은연중에 학생들이 고정된 성 역할을 배움

 중학교 기술·가정 수업에서 있었던 사례이다. 기술·가정 교과를 남자 선생님이 가르쳤는데, 가정보다는 기술에 치중하여 수업을 했다. 또한 선생님은 남자아이들 위주로 수업을 이끌어 갔다. **자동차나 기계 이야기를 하면서 남자아이들과 자주 대화를 나누었고 "여자는 몰라도 남자는 말이야 이런 것도 할 수 있어야 해" 등 기술이라는 과목을 여자보다는 남자에게 더욱 중요하다는 듯이 이야기를 하였다.** 당시 중학교는 남녀 합반이었다. 기술시간에 여학생들은 조용히 있었고 남학생들은 활발했다.

 가정수업을 할 때는 여자아이들에게 초점을 두고 수업하셨다. 선생님은 "이런 것들을 잘하면 나중에 남편한테 사랑받는다" 등의 말을 하며, **가정 교과내용은 여자가 당연히 잘해야 하는 것처럼 가르쳤다.**

 그러다 보니 여학생은 기술보다는 가정을 더 가까이하고 친숙해 했고, 남학생들은 가정보다는 기술에 더 흥미를 보였다. 선생님은 남학생에게 남성적이라고 말하는 능동적이고 활동적인 면을 강조하는 경우가 많았고, 여학생들에게는 순응적, 수동적, 가정적인 면을 강조하는 경우가 많았다. **선생님은 기술·가정 수업을 하면서 남녀의 고정된 성 역할을 학생들의 인식에 잠재적으로 심어 주었다.**

이런 모습이 어색하지 않은 세상을 원해요

사례 134 교과서 속 고정된 성 역할을 상징하는 삽화 등으로 인해 왜곡된 성 의식을
갖게 됨

교과서 속에서는 학생들에게 은연중에 내비치는 전통적으로 규정된 성 역할이 많
다. **교과서 속 삽화들을 보면 집에서 가사와 육아를 담당하는 것은 모두 여성 캐릭터
로 묘사되고 있고 정장을 입고 출근을 하는 것은 남성 캐릭터로 묘사되고 있다.** 의사
는 남성 캐릭터, 간호사는 대부분 여성 캐릭터로 묘사하고 있다. 그로 인해 우리는 졸
업 후 전통적으로 규정된 남성성, 여성성에 얽매여 가치를 판단하고 사고하며 살아가
고 있다. 삽화가 전통적으로 규정된 성 역할을 학생들에게 가르치려고 의도하지 않았
지만, **교과서를 보면서 학생들은 은연중에 기성세대 또는 특정 집단이 인식하고 추구
하는 가치관과 문화에 대해 그대로 받아들이게 되었다.**

<해설 및 이론>

성 역할(gender role)이란 한 개인이 속해 있는 사회에서 남자 또는 여자로 특
징지어질 수 있는 행동, 태도, 가치, 특성의 기대치를 의미한다.[41] 일상적 용어로
'남자다운, 여자다운'이라는 말로 표현할 수 있는 성 역할에 대한 고정관념은 다
양하게 드러난다. 교사가 남학생과 여학생의 역할을 구분지어 버리기도 하고, 특
정 성에 적합한 교과가 있다고 생각하기도 한다. 교과서에도 남녀의 역할을 구분

짓는 삽화와 기술들이 게재된 사례를 많이 찾아볼 수 있다. 이러한 **성 역할에 대한 고정관념은 학생들에게 잠재적 교육과정으로 작용하여 학생의 성 역할 가치관에 큰 영향을 미치게 된다.** 현대 사회에서 남녀의 성 역할에 대한 경계가 모호해지고, 차별적 요소들에 대한 비판이 강한 것과 같이 교육과정에서 성 역할에 대한 고정관념들을 극복하기 위한 다양한 교육적 관심이 필요하다.

사례 132, 133과 같이 교사의 지도와 교과 수업에서 암묵적으로 성 역할이 강요되기도 한다. 예를 들어, 짝 피구에서 남학생들은 전면에서 수비만 하고 여학생들은 그 뒤에 숨어 공격 기회를 엿본다. 남자는 여자를 지켜 줘야 하고 여자는 남자에게 수동적으로 보호받는 존재라는 것을 암묵적으로 습득하게 된다. 체육수업에서 성 고정관념에 대한 연구에 따르면, 교사의 성 고정관념은 남학생의 신체적 능력에 대한 상대적으로 높은 신뢰와 여학생에 대한 성에 기반한 위로와 칭찬으로 표현되며, 체육교사의 성 분리 교육운영 또한 발견된다.[42] 교사는 남학생이 여학생보다 신체적 능력이 우수하고, 여학생은 여성이라는 이유로 위로와 칭찬을 받아야 한다고 생각하는 것이다. 또한 체육수업도 남학생과 여학생의 수업내용과 수준을 분리하여 다르게 적용하였다.

남학교, 여학교와 같은 특정 성별 학생들만 다니는 경우, 오히려 남녀공학보다 성 고정역할이 강조되기도 한다. 남학교에서 교사들의 교육 태도는 강압적인 경향을 보이는 경우가 많으며, 학생 문화도 남자다움을 강조하는 모습을 보인다. 남학교에서 전통적인 남성상에 부합하지 못하는 학생들은 은연중에 남자답지 못하다는 비난과 조롱을 감내해야 할 경우도 있다. 여학생보다 남학생의 성 역할 고정관념이 더 유효하게 높다는 보고도 있다.[43]

사례 134의 경우, 교과서의 내용이 암묵적 성 역할을 강요하고 있다. 여성이 더 많은 가사활동을 하고 가정 밖 상황에서는 남성이 여성보다 3-4배 정도 더 많이 등장하였다.[44] 기술·가정 교과서 삽화 및 사진을 분석한 결과, 남성은 사회 지도자적 위치, 여성은 보조자적 위치에서 부각되었으며, 여성과 남성의 외모가 성 정형화된 모습으로 표현되었다.[45]

나. 교사의 편애, 차별

사례 135 교사가 1등 하는 학생을 편애하여 다른 학생들은 소외감을 느끼고, 1등 학생도 부담감으로 학습 흥미도가 낮아짐

고등학교 ○○수업 첫 시간, 선생님은 모든 학생들이 적극적으로 참여하는 수업이 되었으면 좋겠다고 말씀하였다. 고등학교에 새로 들어와서 열심히 하겠다는 마음가짐도 있었고 반 분위기가 최선을 다하자는 분위기여서 모두 성실하게 참여했다. 우리 반에는 전교 1등을 하는 친구가 있었다. 그런데 수업시간에 **선생님은** 학생들의 수업내용 이해 정도를 파악하기 위해서 전체에게 질문하는 것이 아니라 항상 "○○야, 이해가 돼?"라며 **전교 1등 친구에게만 질문**하였다.

다과수업이 있던 날, 외부 강사와 선생님은 합동으로 수업을 진행했다. 한복을 입어 보는 체험을 할 수 있었는데 한복 수가 적었고 수업시간도 제한되어 있어서 모두가 참여할 수는 없는 상황이었다. **강사 선생님께서 "혹시 한복 입어 보고 싶은 학생 있나요?" 하며 질문을 하였고 한 학생이 손을 들었다. 하지만 선생님은 그 학생 말고 가만히 있던 전교 1등 학생에게 한복을 입을 기회를 주었다.**

어느 날은 반장이 수업 중간에 선생님께 수업내용과 관련된 질문을 했다. 반장이 했던 질문이지만 선생님께서는 전교 1등 친구에게 답변을 해 주었다. 질문에 대한 답변 내용이 이해가 되었는지도 전교 1등 친구에게 물어보았다. 수업이 끝난 후 쉬는 시간에 친구들끼리 "우리 ○○로 개명하고 와야겠다"라며 농담을 하기도 했다. 이후 **수업이 진행될수록 전교 1등에게만 수업이 집중되는 상황이 펼쳐졌다.**

이런 상황을 겪으며 학기 초에 상상한 모두가 참여하는 수업의 이미지가 깨지고 '**선생님은 성적이 우수한 학생에게만 관심을 주는구나**'라는 생각을 가지게 되었다. 나는 성적이 우수한 편이 아니었기 때문에 '나한테는 관심도 없으시겠네'라는 생각이 들어 수업시간에 흥미도가 점점 떨어졌다. 학기 말쯤에는 수업에 열심히 참여하지 않았다.

1등 친구는 그 수업을 피하기 위해서 꾀병을 부리고 기숙사에 간 적도 있었다. 수업시간에 많은 관심이 쏟아지는 것이 부담스러웠고 질문자가 본인이 아님에도 불구하고

답변을 받게 되는 경우에 질문을 한 친구에게 미안한 감정이 들었다는 이야기를 했다.

사례 136 공부 잘하는 학생들에게만 집중적으로 피드백을 주는 선생님으로 인해 차별을 느끼고 수업 참여도가 낮아짐

고등학교 때 **선생님은 학생들을 공평하게 대하지 않고, 공부를 잘하는 학생들과만 좋은 관계를 유지하였다.** 선생님은 수업시간에 학생들에게 발문을 할 때 공부 잘하는 학생만 이름을 불러주면서 "○○○야, 이 글의 저자가 하고 싶은 말이 무엇일까?"와 같은 발문을 자주 하였다. **공부 잘하는 학생에게만 질문을 하는 선생님의 모습은 수업에 열심히 참여하고자 하는 나의 의지를 점차 꺾었다.** 아무리 내가 대답을 열심히 해도 선생님은 공부 잘하는 학생에게만 반응을 보이니 상호소통이 되는 수업이 아니라고 생각되었고, 나의 대답에 대한 **성의 있는 피드백을 제공받지 못했다는 사실이 학습에 부정적인 영향을 끼쳤다.** 쉬는 시간에 친구들과 이야기를 해 보면 많은 친구들이 선생님이 공부 잘하는 애들만 좋아하는 게 너무 느껴져서 짜증난다는 말을 많이 했다. 그러면서 점점 많은 친구들이 그 선생님 수업시간을 좋아하지 않았다. 공부를 잘하는 학생들만 챙겨 주는 선생님의 모습을 보면서 학생들을 공평하게 대우하고 있지 않다는 생각을 하였다. 또한 **수업에 적극적으로 참여하려는 의지도 저하되었다.**

사례 137 성적에 따른 차별적인 대우를 경험하면서 공부 잘하는 학생은 벌도 피할 수 있다고 생각함

고등학교 때 ○○ 선생님의 수업을 좋아했다. **나는 학년 초 모의고사에서 1등급을 받았다.** 선생님은 이후로 나에게 관심을 많이 기울여 주었다. 그러나 다른 학생들은 그 선생님을 별로 좋아하지 않았다. 수업시간에 어떤 학생이 장난을 치다가 벌을 받은 적이 있다.

나는 수업을 잘 들을 때도 있었지만, 친구들과 장난을 친 적도 많았다. 하루는 수업시간에 장난을 치다가 선생님께 걸린 적이 있어 밖에 나갔는데, 선생님은 나에게 벌을 주지 않고 잔소리 몇 마디 하시고 넘어가 주었다. 그런 적이 종종 있었는데, 그때 어렴

풋이 '공부를 잘하면 벌도 넘어갈 수 있구나. 권력을 가진 사람과 가까이 지내면 나에 겐 이득이 되는구나'라고 생각했다.

사례 138 공부 잘하는 학생에게만 실험 기회를 주는 수업에서 다른 학생들의 수업 참여율이 낮아짐

고등학교 화학시간에 화학반응에 대한 실험을 하였다. **선생님은 과학 성적이 높은 학생 두 명만을 나오라 하여 대표 실험을 시켰고, 나머지 학생들은 그 실험을 참관하 였다.** 실험을 해 보지 않은 학생들은 해당 수업내용을 잘 이해할 수 없었다. 또한 **학생 들은 과학을 잘하는 학생과 못하는 학생을 차별하는 선생님에게 불만을 갖게 되었다.** 이후 학생들은 공부를 잘하는 학생들만 실험을 할 수 있다는 인식이 생겨 **실험에 대한 참여율이 낮았다.**

<해설 및 이론>

위의 사례들과 같이, **학생이 교사의 편애를 느끼는 경우는 주로 성적에 의한 경우**가 많다. 성적이 높은 학생을 대하는 교사의 태도와 성적이 낮은 학생을 대하 는 교사의 태도가 많이 다르다는 것이다. 교사는 의도적으로 그럴 경우도 있을 것 이고, 의도치 않게 그러한 태도를 보인 경우도 있을 수 있다.

김종서(1987)는 **교사의 편애에 대한 학생의 지각**을 '자신이 교사로부터 편애 를 받는 이유'와 '다른 학생이 교사로부터 편애를 받는 이유'로 구분하여 제시하 였다. '자신이 교사로부터 편애를 받는 이유'는 성격 및 태도(36.8%), 학업성적 (26.5%)의 순으로 나타났으며, '동료가 교사로부터 편애를 받는 이유'는 학업성적 (46.1%), 성격 및 태도(36.5%)의 순으로 나타났다.[46] 동료가 교사로부터 편애를 받 는 이유를 학업성적으로 생각하는 경우가 많은 것이다.

교사의 편애는 **편애를 받는 아이와 그렇지 못한 아이 모두에게 부정적인 결과를** 초래한다. 교사는 자신의 언행이 학생들의 마음의 상처뿐만 아니라, 학교에 대한 반감으로 이어질 수 있다는 점을 염두에 두어야 하겠다. 또한 **교사의 편애가 학습**

의 효과성을 저해하는 요소라는 점도 잠재적 교육과정에 중요한 시사점을 준다.

교사의 편애는 교과의 특성에 따라 다른 양상으로 나타난다. 음악이나 미술같이 실기능력이 중요한 교과목의 경우 **실기능력이 우수한 학생과 그렇지 못한 학생을 대하는 교사의 태도가 다른 것이다.** 단소 연주를 주제로 한 음악시간에 음악교사는 단소를 잘 연주하는 학생에게 좋은 점수뿐만 아니라, 편애하는 태도를 보일 수 있다. 교사가 단소 연주를 잘하는 학생과 못하는 학생들을 비교하는 언행을할 때 학생들은 차별, 편애, 자존감 저하 등의 부정적 감정을 느끼게 된다.

다. 학교 특별반 운영

사례 139 **성적 우수 특별반 운영으로 교우관계가 멀어지고 모두가 스트레스를 받음**

우리 학교는 야간자율학습 분위기 조성이라는 명목으로 성적을 기준으로 야간자율학습 특별반을 운영하였다. 성적 우수자 6명 정도에게 특별반을 만들어서 독서실 책상 같은 것을 마련해 주고 공부를 하게 하였다. 교장 선생님은 좋은 의도로 학생들에게 좋은 면학 환경을 제공하여 좋은 대학을 진학하게 하려고 특별반을 만들었을 것이다. 그러나 성적에 따른 차별 대우는 **일반학생들에게는 물론 특별반 학생들에게까지 부정적인 영향을 미쳤다.**

예로 A는 공부를 잘하는 학생이었지만 특별반에 들어갈 정도는 아니었는데 A의 단짝 친구 B가 특별반이었다. 처음에는 나는 A가 B랑 같이 다니면서 힘들었던 것을 몰랐는데 사실 A는 B와 다니면서 많은 스트레스를 받았다고 했다. 특별반 학생들은 홈베이스를 이용하지 않고 특별실에 짐을 두었다. 친구인 A는 B가 짐을 가지러 갈 때 자연스레 같이 가게 되었고 A는 특별실 안에는 들어가지 못하고 밖에서 기다렸다. 별거 아니라고 생각될 수도 있지만 **친구는 들어갈 수 있는데 자신은 들어가지 못하는 상황이 성적에 예민한 고등학생에게 얼마나 큰 상처였을까** 하는 생각이 든다.

힘든 것은 B도 마찬가지였다. 한 학기마다 성적순으로 6명을 특별반으로 편성하였는데 다음 학기에 B가 6명 안에 들지 못한 것이다. B에게 "너 특별반 떨어졌어?"라고 묻는 경우가 많았다. 그런 말을 들을 때마다 B는 풀이 죽고 자신 없는 모습을 보였고, 결국 B는 특별반에서 한 번 떨어진 후 졸업할 때까지 다시는 들어가지 못했다.

야간자율학습 특별반은 예민할 시기에 상대적 박탈감을 느끼게 한다. 차라리 야간 자율학습을 학생의 신청을 받아, 신청한 아이에게 쾌적하게 공부할 수 있는 환경을 제공하고 학습 분위기를 나쁘게 하는 아이에게 주의를 주는 등의 교사의 노력을 통해서 운영되는 것이 좋을 것이다.

사례 140 성적 우수 특별반에 대한 여러 특혜를 보며 상대적 박탈감과 차별을 느낌

고등학교 때 학교에서 야간자습시간에 특별반을 운영했었다. 모의고사에서 높은 성적을 받은 30명의 학생을 뽑아 만든 반으로 3개월에 한 번씩 성적을 기준으로 새롭게 편성하였다. 특별반에 들어가는 것은 그 자체가 큰 자랑이자 명예였고 다들 그 반에 들어가기 위해 열심히 공부했다.

특별반 학생들은 많은 혜택을 누렸다. 최신식 독서대와 개별 칸막이 책상, 가죽 의자, 개인 열쇠 사물함, 스탠드 등을 제공받았다. 또한 더 이른 시기에 에어컨을 틀어 주고 공기 청정기를 설치하고 주말에는 사복을 입는 것도 허용해 주었다. 특별반 학생들은 학습지도 면에서도 지도교사에게 특별 관리를 받고 그들끼리만 대학 탐방을 갔다. 특별반에 큰 글씨로 '일반 학생 출입금지'라는 경고 문구를 작성해 문 앞에다 붙여

놓아 자신들의 영역과 나머지 학생들의 영역을 뚜렷하게 구분해 놓았다. 보이지 않는 벽이 세워졌고 특별반에 들어간 친구와 특별반이 아니었던 나 사이에는 미묘한 경쟁의식이 있었다.

특별반 학생들이 혜택을 누리는 것과 상반되게 나머지 많은 학생들은 마음에 상처를 받았다. 특별반 학생들이 받는 혜택은 특별반 학생들에게 차별의식과 우월의식을 심어 주었고 동료들과의 순수한 관계들을 저해하였다. 겉으로는 드러나진 않았지만, 특별반 아이들은 다른 학생들을 은근히 무시하며 차별하였고, 카스트제도에 비유하며 일반 학생들을 계급화시키는 특별반 학생도 있었다.

특별반에 새로 들어간 학생도 기존 학생들의 텃세에 나름대로 스트레스를 받았다. 나도 특별반에 선발되어 들어간 적이 한 번 있는데, 공교롭게도 기존에 특별반이던 친한 친구가 떨어지고 내가 대신 들어가서 그 친구와의 사이가 불편해지게 되었다. 심적으로 불안한 상태에서 기존 학생들의 텃세에 기까지 눌린 나는 결국 스트레스를 견디지 못하고 중도 이탈하게 되었다.

특별반 제도는 나에게 큰 상처를 안겨 주었고, 경쟁에서 패배하였다는 생각과 좌절감에 사로잡혀 한동안 슬럼프에 빠졌다. 학생들에게 성취감과 자신감을 기를 수 있는 교육을 위해서는 특별반 제도를 폐지하고, **경쟁이 아닌 협동심을 도모하는 교육을 해야 한다.**

사례 141 성적을 기준으로 면학실을 차별하여 운영하는 것에서 좌절감을 겪고 학습 의욕이 꺾임

중학교 때 성적이 상위권인 학생들과 그 외 나머지 학생들은 방과 후에 서로 다른 장소에서 따로 공부하였다. 학교에서 상위권 학생들에게 별도의 면학실을 만들어 주었던 것이다.

학교에서 별도로 공부하기 좋은 환경의 면학실을 만들어 학생들에게 열심히 공부하려는 동기를 부여하는 취지는 좋다고 생각했다. 하지만 **면학실 이용을 성적순으로 사용하는 것은 다른 많은 학생들에게 좋지 않은 영향을 미쳤다.** 우선 상위권 학생들의 공간인 면학실 대상자가 되지 못해 좌절하는 학생이 많았다. 또 나머지 일반 학생들은 학교로부터 성적 때문에 차별을 당한다고 생각하였다.

　물론 몇몇 학생들이 선생님들께 왜 성적을 기준으로 상위권 학생들에게 더 좋은 공간에서 학습할 권리를 주느냐고 묻기도 했었다. 그럴 때마다 선생님은 항상 "좋은 학습 분위기를 조성하기 위해 그런다"라고 말씀하셨다. 물론 상위권 학생들과 하위권 학생들의 면학 분위기가 다를지 모르지만, **학교가 전체 학생들의 학습 분위기를 개선하기보다 그저 나누고 차별하고 있다는 사실이 슬펐다.**

　그렇게 중학교 때부터 상위권 학생들과 다른 대우를 받다 보니 어떤 학생은 자신은 절대 상위권 성적을 받을 수 없다고 생각을 하기도 했다. 그런 친구들은 **고등학생이 되서도 '어차피 난 안 돼. 상위권 학생은 따로 있는 걸'이라고 생각**하고 공부하려는 의지가 별로 없었다. 또한 각 학년에서 10등 안에 들어야 면학실에 들어갈 수 있다는 것이 아이들을 더 힘들게 하였다. 학생들에게 '넌 절대 성적이 상위권인 학생이 될 수 없어!'라고 말한 사람은 없지만, 어렸을 때부터 보고 경험한 잠재적 차별로 아이들의 사고가 부정적으로 바뀌었다. 학습동기와 공부의지를 고취시켜 줘야 할 학교가 오히려 학생들을 차별하고 오히려 학습의욕을 저하시키는 것을 보고 적잖은 충격을 받았다.

　그래서 나름대로 해결방안에 대해서 생각해서 선생님께 면담을 청했다. 선생님께서 "마침 면학실에 자리가 남는데 네가 원하면 들어갈 수 있다"라고 하셨는데, 나는 남는 자리에 성적은 낮아도 면학실에서 진짜 열심히 공부하길 바라는 학생들에게 자리를 줄 것을 건의드렸다. 다행히도 건의사항은 곧 이루어져 나 대신 다른 친구가 들어갔다. 그리고 **나중에는 성적이 낮아도 떠들지 않고, 열심히 공부할 의지가 있다면 면학실에 들어갈 수 있는 제도로 바뀌었다. 이러한 변화로 여러 학생들이 의욕을 갖고 열심히 공부하기 시작했고, 좋은 성적을 얻을 수 있게 되었다.**

사례 142 　특별반에 들어갔다가 학습량이 많아지면서 오히려 성적이 떨어짐

　고등학교 때 특별반을 운영하였다. **특별반은 일반 학생과 달리 방과 후에 외부 강사를 불러 영어, 논술, 수학 등 많은 과목의 수업을 따로 했다.** 나는 처음 입학할 때는 특별반이 아니었지만 열심히 공부해 성적이 오르게 되었고, 2학년 때 특별반에 들어갈 수 있다는 선생님의 연락을 받았다. 그래서 '특별반에 가면 공부를 잘하는 학생들과 같이 지내고, 그러면 성적도 더 오를 수 있겠지?' 생각하며 특별반에 들어갔다.

그런데 나는 논술, 수학에는 흥미가 없었는데 특별반에서는 그 수업들을 의무적으로 들어야 했고, 그 때문에 **공부할 분량이 점점 늘어나 오히려 부담이 되었다. 그 결과 성적이 떨어지기 시작했다.** 성적 향상을 기대하고 특별반을 들어갔지만, 오히려 떨어지게 되는 것을 경험했다. 그러면서 나의 학습 수준과 학습 스타일에 맞는 학습 환경이 더 중요하다는 생각을 하였다.

사례 143 성적 우수 심화반에 대한 특별혜택에 대하여 나머지 학생들이 상대적 박탈감을 느끼고 불평을 함

고등학교 때 학교는 성적을 기준으로 '특별반'을 운영하였다. 학교는 열심히 하는 아이들에게 사기를 북돋아 주고 좋은 학습 환경을 조성해 주려는 의도였다. 그런데 특별반에 갈 수 있는 아이들은 반에서 많아야 3-4명이었다. 선생님은 반에서 특별반에 편입된 아이들을 유독 더 신경 써 주었다.

특별반에 들어가지 못한 아이들은 박탈감을 느끼며 반감을 갖기도 하였다. 선생님이 특별반 학생에게 더 관심을 쏟는 것을 보며 다른 아이들은 **"어차피 우린 공부 못해서 선생님이 관심도 없는데 뭐"** 하며 불평하고 차별을 느꼈다. 특별반에 가지 못한 아이들은 주어진 환경에서 최선을 다하며 공부를 열심히 하기보다 **불평하는 데 에너지를 사용하였다.**

사례 144 특별반에 대한 지나친 관심과 혜택을 오히려 불편하고 부담스럽게 여김

고등학교 때 우리학교에는 문·이과 각 10명의 성적 우수 학생들에게 공부하기 편안한 독서실과 특강과 입시 상담 등의 혜택을 우선 제공하는 특별반을 운영하였다.

나는 처음부터 성적이 좋은 학생이 아니었다. 열심히 공부를 했지만 쉽게 성적이 오르지 않았고 그래서 많이 힘들었다. 그러나 계속 열심히 하니 차츰 성적이 좋아져 특별반에 들어가게 됐다. 그러나 특별반에 입반한 이후 나는 좋은 성적을 내지 못했고 심적으로도 많이 힘들었다. 이유는 선생님들의 태도와 내가 받는 혜택 자체에 있었다.

처음 특별반에 들어가자 나에 대한 태도와 나를 바라보는 시선이 달라졌다. 하나라도 더 신경 써 주려 했고, 좋은 대회 정보나 좋은 활동도 제공해 주었다. 입시에 관한 빠르고 구체적인 상담도 시작되었다. 그런 **관심과 혜택이 처음엔 좋았지만, 시간이 지날수록 불안감과 짜증이 생겼고, 마음이 불편했다.** 동시에 특별반 학생들이 받는 혜택과 선생님들의 태도 등이 공정하지 못하다고 생각했다. 명문대 선배들과 인맥을 만들어 주고, 명문대생들의 수시 특강을 개최하고, 특별반 학생들에게 너희는 일반 학생과 다르다는 듯 설명하는 것도 싫었다. **특별반 혜택은 오히려 내게 불편한 부담이 됐다.**

사례 145 성적을 기준으로 학생을 차별하는 학교에 대해 부정적 인식을 가짐

고등학교 때 상위권 학생들로 구성된 특별반을 운영하였다. **선생님은 특별반 학생들에게만 특별 심화수업을 하였다.** 그러나 나머지 다른 학생들에게는 수업 참여 기회를 안 준 것은 물론 말을 꺼내지도 않았다.

나중에 이를 알게 된 많은 학생들이 반발하였는데, 선생님은 억울하면 공부를 잘하라고 하였다. 그렇게 내가 선생님으로부터 배운 것은 학교생활하면서 기회를 얻고 억울함을 당하지 않기 위해서는 공부를 잘해야만 한다는 것이었다. 또한 **사람을 성적을 기준으로 판단하고 차별하는 것을 학교에서 배웠다.** 선생님은 학생들이 공부를 열심히 하라는 의미에서 한 말이겠지만, 성적을 기준으로 학생을 분류하고 차별하는 학교에 대해 고마운 마음보다는 **씁쓸하고 부정적인 시각을 갖게 됐다.**

사례 146 특별반에 들어가기 위한 경쟁이 심화되면서 교우관계가 나빠지고 우울증까지 겪음

고등학교 때 학년별로 성적 상위권 학생들로 구성된 특별반을 운영하였다. 특별반은 정규수업이 끝난 뒤 야간자율학습 시간에 별도의 자습실에서 보충수업을 하였다. 그걸 보고 처음에는 '다른 학교도 그렇듯이 공부 잘하는 소수의 학생들끼리 자습할 수도 있다'라고 생각했다.

그런데 시간이 지날수록 특별반 문제는 컸다. 특별반에 들어가기 위해 **경쟁이 심화**

되었고 교내 경시대회에서 학급의 같은 반 학생들과 참여하기보다는 특별반 학생들끼리 참여해서 상을 받았다. 또한 특별반 내에서도 경쟁이 심하였다. 한 아이는 특별반에서 떨어지고 굉장히 우울해하였다. **학교에서 특별반 학생들과 나머지 학생들 사이를 은연중에 구분한 것이다.** 배움과 꿈이, 희망이 가득해야 할 학교 내에서 특별반 운영으로 인하여 경쟁의식, 계급사회를 먼저 배우는 것은 아닐지 걱정된다.

사례 147 특별반에서 떨어진 후 마음의 상처를 입고 불안과 초조함을 경험하고 학교에 대한 부정적 인식을 가짐

고등학교 때 경험한 특별반은 '특별'이라는 수식어를 소수의 학생들에게 부여하면서 그들에게 자신감을 넘어 자만심을 심어 주었고, 반대로 '일반'이라는 수식어를 다수의 학생들에게 부여하면서 상대적인 박탈감을 심어 주었다.

학교에서 특별반을 우대해 주는 것을 보고 특별반에 들어가야 되겠다고 다짐했다. 그래서 열심히 공부했고, 그 결과 2학년 때 특별반에 들어갈 수 있었고 나도 특별반 혜택을 누리게 되었다. 모두들 나를 부러워했고 모범생으로 대하였다. 처음에는 자신감이 생기고 좋았지만, 차츰 자만심에 빠지면서 특별반 혜택이 당연하다고 생각하게 되었다.

그러다 **몇 개월 후 낮은 성적을 받아 특별반에 들어가지 못하게 되었고, 상실감은 말로 다할 수 없을 만큼 컸다.** 자존감이 낮아진 나는 다시 오기로 공부해서 3학년 때 다시 특별반에 들어갈 수 있었다.

특별반에서 떨어진 후 많은 것을 느끼고 배웠다. **학교에서는 특별반을 통해 학생들의 학습의욕을 고취시키겠다는 의도이지만,** 많은 학생들이 마음의 상처를 입고 정신적으로 불안하고 초조함을 경험하였다. **공부를 못 하는 것은 부모님께 죄송한 일이고 선생님과 동료들에게 부끄러운 일이라는 것을 내면화하게 되었고,** 낮아진 자존감을 높이는 일은 전적으로 나 스스로 해결해야 했다. 그렇게 고등학교 생활은 나를 비인간적으로 만들었고, 인성을 함양하기보다는 오로지 학업성적을 높이는 데에만 몰두하게 하였다.

고등학교 때 학교에서 특별반을 운영하였다. 특별반은 야간자율학습 시간에 추가 심화수업을 받고 학업과 관련하여 학교의 지원을 받았다. 학교의 지원으로 모의고사 교재를 사서 연습하고 서로가 토론수업을 하고, 심화내용을 선생님이 직접 만들어 수업을 하였다. 그런 특별한 혜택을 받는 것이 솔직히 좋기는 했다. 하지만 **특별반 내에서도 성적을 기준으로 학생들 사이에 암묵적 차별이 있었다. 최상위권 학생에게 관심이 쏠리고, 나머지 학생들은 그보다 적은 관심을 받았다.**

모의시험을 치고 난 후에 선생님은 최상위권 아이들에게 시험은 어땠냐고 먼저 물어보고, 문제를 푸는 방법을 알려 주었다. 나머지 학생들도 알려 주겠지 생각했지만 그러지 않고 그냥 수업을 끝냈다. 이런 적이 한두 번이 아니었기에 내가 공부를 못해서 이런 차별을 받는다고 생각하여 억울하고 슬펐다.

나는 성적이 좋아서 특별반에 편입되었지만 그 안에서 성적이 아주 높은 편은 아니었다. 공부를 잘해서 특별반에 왔는데 나보다 더 공부를 잘하는 아이들을 보며 **선의의 경쟁으로 공부의욕을 불태우기보다는 차별을 느끼고, 오히려 자신감이 떨어져 학교생활에서 더욱 위축이 되고 성적도 갈수록 떨어졌다.**

사례 149 특별반 학생들과 기숙사 생활을 같이하며 동질감, 우정을 느끼고 사회성을 배움

고등학교에 다닐 때, 특별반 학생들과 기숙사 생활을 같이하며 좋은 경험을 하였다. **기숙사 내에서 함께 공부하는 친구들끼리 동질감이 생겨 학급 동료보다도 더 친해지게 되었고, 우정이 깊어지면서 졸업하고 난 지금까지도 친하게 지낼 만큼 좋은 관계를 유지했다.** 또 동기, 선후배들과 기숙사 생활을 같이하면서 기초적인 사회생활을 배울 수 있었다. 이러한 경험은 내가 다른 사람과 함께 어울리는 것이 중요하다는 가치관을 갖는 데 큰 영향을 주었다.

사례 150 성적에 따른 차별적 대우에 '공부를 잘하면 좋은 대접을 받는다'라는 인식을 가짐

내가 다닌 고등학교는 기숙사와 독서실 사용권을 성적순으로 부여했는데, **성적이 상위권 학생은 새로 지어 시설이 좋은 '신 기숙사'에서 생활하였고 책걸상이 좋고 난방이 잘되는 독서실에서 공부하였다.** 그 외의 학생들은 '구 기숙사'에서 생활했으며 시설이 많이 뒤떨어지는 독서실에서 공부를 했다. 이것은 **학생들로 하여금 '공부를 잘하면 좋은 대접을 받을 수 있구나'라는 생각을 하게 하였다.**

〈해설 및 이론〉

인문계 고등학교에서 정규수업 외에 추가로 이루어지는 **방과 후 학교 수업이나 야간자율학습은 대체로 학생, 학부모들의 만족도가 높은 편이다.** 사교육비를 줄여 주고, 무엇보다 학생들에게 공부하는 습관과 효과적인 학습요령을 길러 주어 긍정적으로 보는 학생들도 많은 편이다.

그러나 이것은 학생들에게 **강제성을 보이지 않고 자율적으로 참여를 보장할 때 더 큰 효과를 거둘 수 있다.** 전체 학생들을 무조건 참여하게 만드는 것은 오히려 학생들의 반발심을 불러일으킬 수 있다. 특히 야간자율학습의 경우 단순하게 학생들을 교실에 '방치'하는 게 아니라 매일매일 자율 참가자들의 출석을 확인하

거나, 교실 외에 별도의 열람실을 만들어 지도교사가 상주하며 지도한다면 학생들의 만족도와 참여를 높일 수 있다.

　주의해야 할 점은 **어떠한 경우에도 학생들에게 차별의식을 갖게 해서는 안 된다**는 점이다. 그러나 문제는 아직도 많은 학교에서 학생들을 성적을 기준으로 차별대우하고 있다는 점이다. 정규 수업에서 별도의 성적 우수반을 편성하거나, 성적을 기준으로 학생을 공개적으로 나누는 경우는 거의 없지만, 여전히 많은 학교에서는 '특별반, 심화반' 등의 이름으로 일정 비율의 성적 우수자를 선별하여 방과 후 수업이나 자율학습운영에서 특별 프로그램 운영 및 전용교실 제공 등의 차별적 대우를 하고 있다. 아동·청소년 인권실태조사에 따르면 성적을 기준으로 한 차별은 여전히 현재 진행형이다.[47]

　성적을 기준으로 한 차별대우에 대해 많은 학생들은 반감을 갖고 있다. 사례에서 원거리 학교 진학으로 기숙사 생활을 하게 된 학생이 같은 처지의 친구와 많은 시간 함께 공부해 친하게 되었다는 경우를 제외하고, 나머지 모든 학생들은 **공부를 잘해 특별반에 들어갔든, 들어가지 못했든 간에 성적에 의한 차별지도에 대해 모든 학생이 부정적으로 인식하고 있다.** 실제로 이러한 차별 경험은 학생에게 스트레스를 유발하여 자존감, 자신감 등 주관적 안녕감을 떨어트려 가뜩이나 입시, 진로, 기타 문제로 힘들어하는 아이들에게 더 큰 고민을 준다.

　성적을 기준으로 하는 차별대우는 흔히 '능력에 따른 차별은 필요하고 공정하며 정당하다'라는 능력주의(meritocracy)로 정당화된다. 혹자는 이러한 교육이 학생의 능력과 특성에 따라 효율적으로 지도하는 수월성 교육이라고 정당화하지만, **본래 수월성 교육의 의미는 잘하는 학생들을 더 잘하게 해 주고, 보통 또는 그 이하 수준의 학생들은 각자의 수준과 학습 방법에 맞게 잘할 수 있도록 도와주는 것을 말한다.** 따라서 소수 상위권 학생들에게만 특혜를 주는 것은 수월성 교육이 아니다. 성적을 기준으로 하는 차별은 인권침해 요소가 다분하다. **학교는 공정하게 경쟁하고 다른 사람에 대한 존중과 배려의 가치를 배우는 곳이다.**

라. 기타 사례

사례 151 특수학급 학생들이 운영하는 희망카페를 일반학급 학생들이 이용하면서 장애 학우를 이해하고 인식이 개선되어 더 가까워지는 계기가 됨

고등학교 때 특수학급 선생님이 희망카페라는 학교 내 카페를 운영하였다. 희망카페는 특수학급 학생들은 카페에서 바리스타, 서비스 등의 일을 하면서 장래 진로를 준비하고, 카페를 이용하는 일반학생들은 장애 학우에 대한 인식을 개선하고자 하는 목적으로 운영되었다.

선생님의 노력 덕분에 일반학급 학생들은 **장애 학우들과 더 가까워지고 다가가는 계기가 되었다.**

사례 152 교사가 솔선해서 장애 학생을 도와주고 챙기는 모습을 보면서 나도 장애 학우를 도와주고 배려해야겠다는 생각을 함

고등학교 때, 학급에 특수반 장애 학우가 있었다. 담임 선생님은 학급에 특수반 학우가 있다는 것 외에 "잘 대해 줘라, 많이 신경 써 달라"라는 등의 특별한 언급을 하지 않았다. 대신 **선생님은 행동으로 직접 실천하셨다.** 수업이 끝나면 휠체어를 직접 끌고 특수반에 데려다주고 아이와 식사도 같이하셨다. 매일 특수반에 가서 아이와 대화하며 친해지려고 노력하는 선생님의 모습이 우리에게 큰 감화를 주었다. **선생님이 행동으로 솔선하는 모습을 보면서 나도 장애 학우를 도와주고 배려해야겠다는 생각을 하였다.**

고등학교 때 학급에 특수학급 장애 학생이 3명 있었다. 몸이 많이 아파서 정상적으로 수업을 하기 힘든 학생과 정신지체장애와 지체장애 학생이 한 명씩 있었다. 사실 처음에는 그들과 생활하는 것이 별로 내키지 않았다. 장애 학생들은 수업을 정상적으로 하지 못했고, 지금 어느 부분을 하고 있냐고 물어서 수업의 흐름이 자주 끊어졌다. 심지어 정신지체장애 학우는 수업시간에 이상한 소리를 질러서 모두를 당황스럽게 하였다. 그렇게 가끔씩은 수업 중간에 흐름이 끊어지면서 나와 몇몇 아이들은 짜증이 났다.

그러던 어느 날 그 장애 학우가 며칠 동안 학교를 나오지 않았다. **나중에 선생님이 그 아이가 몸이 많이 나빠져서 수술하고 병원에 입원하였다고 말해 주었다. 동시에 선생님은 그 친구의 장애에 대하여 말해 주셨다.** 이상한 소리를 내는 것은 틱 장애가 원인이고 수업의 흐름을 끊는 질문을 하는 것은 수업을 따라가고 싶은데 필기속도가 느려서 뒤처지는 것이 원인이라고 하셨다. 나는 그 아이가 축제 때 몸이 불편하면 쉬어도 될 터인데 자청해서 나서면서 오히려 주위 사람을 힘들게 한다고 속으로 **짜증냈던 모습이 부끄럽게 느껴졌다.**

이후로 나는 장애 학생과 같이 생활하면서 필기를 보여 주거나 이동할 때 데려다 주거나 문을 열어 주는 등 작은 도움을 실천하였다. 장애 학생을 이해하고 관심을 가지고 지켜보면서 '무엇이 필요할까, 어떻게 하며 도움이 될까' 하는 배려의 마음이 조금씩 생겨났다.

고등학교 때 습관 같은 방어적 태도가 생겼는데 그것은 **변명**이다. 지금은 폐지되었지만 당시 우리 지역은 시험 성적으로 고등학교를 입학하여서 학교를 보면 성적을 대충 알 수 있었다. 내가 다닌 고등학교는 지역에서 공부를 못 하는 아이들이 모이는 곳이었다. 그러나 꼭 그런 것은 아니었는데 내신 1등급으로 수시 학생부전형을 통해 괜찮은 대학을 가고자 하는 중상위권 학생들도 지원을 하였다. 학교에서도 이 점을 강조하고 중상위권 학생들에게 입시 홍보를 하였다.

담임 선생님의 추천으로 학교를 결정하고 입학 후 내가 들은 것은 학교에 대한 좋지 않은 소문과 평가들이었다. 재학생들의 불량한 태도를 보고 입학식에서 자퇴생의 비율과 모든 학생을 졸업까지 이끌기가 어렵다는 포기 선언 등을 들으면서 앞으로의 험난한 학교생활을 예측할 수 있었다. 그러면서 나는 **'어떻게 하면 학교와 나를 분리시킬 수 있을까'를 은연중에 고민하였다.**

진짜 시작은 학기 첫날 일어났다. 입학식이 끝나고 교실에 돌아왔을 때 모두의 가방이 없어졌다. 칠판에는 우리 가방이 도난당한 것으로 적혀 있었다. 우리 모두는 가방이 도난당한 것으로 생각했다. 모두가 '아, 이런 학교이구나'라고 생각했다. 단 한 명도 의심하지 않았다. 그러나 이것은 선생님의 서프라이즈였고 앞으로 실제로 일어날 수 있는 일이므로 분실물에 주의하라고 당부하였다. 이후 우리는 자신의 사물함에 자물쇠를 채웠고 혹시 물건이 없어지면 자신의 기억이나 행동을 되짚어 보기보다 바로 누군가를 의심하곤 하였다.

한번은 내가 화장실에서 핸드폰을 주워서 교무실에 신고하려고 들고 가자 급우들이 사색이 되어 말렸다. 다시 그 자리에 두로 오라는 것이다. 훔친 것으로 의심을 받을 수 있다는 것이다. **누군가에게 도움을 주는 행동조차 오해받을까 걱정하여 하지 못하고 변명을 준비하였다. 별것 아닌 작은 일도 예민하게 생각하고 인색하게 대하는 분위기가 학교생활 내내 지속되었고 나는 당연하게 받아들였다.**

심지어 시내버스에서 지갑이 없어지면 우리 학교 학생이 제일 먼저 의심받는다는 얘기를 들으면서 불쾌하지만 당연한 것으로 받아들이는 분위기였다. 선배들의 나쁜 이미지 때문에 후배들이 피해를 보는 것이다. 학교 측에서는 **학교의 이미지와 평판을** 개선하고 재학생을 보호하기 위하여 여러 노력을 하는 것 같았다. 그러나 나는 여전히 보호받고 있다는 것을 느끼지 못하였다. 나는 그것이 그저 어른들의 체면과 학생보다 학교를 먼저 위하는 일처럼 생각되었다.

대학에 와서 지역 친구들과 고등학교 얘기를 하면 "그 학교 치고 잘 왔네", "어떻게 다녔냐", "우리 대학에도 거기 나온 사람이 있구나" 등의 말을 항상 듣게 된다. **나는 그때마다 "내신 목적으로 하향 지원했었어"라는 준비된 변명을 한다.**

사례 155 수업시간에 교장 선생님 눈치를 보는 교사를 보면서 학교에 위계가 존재한다는 것에 실망함

교장 선생님은 아침 1교시마다 학교 전체를 순회하였다. 나는 학생들이 수업을 잘 듣고 있는지를 확인하고 학교 내부가 깨끗한지 살펴보려는 것으로 알고 있었다. 한번은 1교시에 선생님이 교과 관련 EBS 다큐멘터리를 보여 주신 적이 있다. 졸린 아침 1교시에 시청각 자료가 집중력을 높여 주어 1교시에 시청각 자료를 활용하는 것은 좋은 방법이라고 생각했다. 하지만 이후 선생님은 1교시에 시청각 자료를 보여 주시지 않고 이론적인 수업만을 진행하였다. 얼마 후 1학기 기말고사가 끝나고 선생님은 기말고사 범위와 관련된 영화를 보여 주었다. 전에 보았던 영화를 이어 보는 것이었기 때문에 1교시라 하더라도 학생들은 선생님이 영화를 보여 주기를 바랐다.

하지만 **선생님은 교장 선생님의 눈치를 보며 교장 선생님이 교실을 지나갈 때까지 기다리자고 말하였다. 나는 그 선생님뿐만 아니라 아침 1교시에 모든 선생님들이 동영상 시청 등의 활동을 하지 않고 오로지 수업을 진행하고 있었다는 것을 깨닫게 되었다.** 수업시간에 교장 선생님 눈치를 보며 학생들을 자신의 방식대로 가르치지 못한다는 것에 실망이 컸다. 물론 사회적 위계가 불필요하다고 생각한 것은 아니지만 **학생들을 가르치는 학교에서도 위계가 존재한다는 것에 실망했다.**

<해설 및 이론>

사례 155에서와 같이 **학교장의 생각은 학생에게 전달된다.** 수업의 효과성 측면에서 교사들은 학교장의 지지가 부족하다고 느낄 때 학생지도에 소극적이게 되고 결과적으로 학습 결과가 낮게 나타난다.[48] **학교장 리더십의 특성이 다양한 형태로 학생에게 영향을 미치게 된다.**

사례 156 다른 교사들을 은근히 무시하는 교사들을 보면서 학교에도 상하관계 또는 위계가 존재한다는 것을 은연중에 경험함

학교에 다니며 선생님들 사이에서도 위계가 있다는 것을 알았다. **기간제 교사, 소위 비명문대 출신 교사, 나이 어린 교사가 보통 낮은 위계에 위치하기 쉽다.** 나는 교사들이 기간제 교사만 빼놓고 밥을 먹으러 가거나 커피를 마시러 가서, 중식시간 또는 석식시간에 기간제 교사 혼자서 교무실을 지키는 풍경을 자주 보았고, **수업시간에 어떤 선생님이 누구는 정교사가 아닌 기간제 교사라 일 처리를 잘 못한다는 등 학생들에게 기간제 교사를 무시하는 발언을 하는 것을 들은 적이 있다.**

내가 다닌 고등학교에는 A대학을 나온 선생님들이 많았는데, 교무실 청소를 하며 어떤 선생님이 다른 선생님에게 "B대학을 나오셨다면서요? 임용공부 열심히 하셨나 봐요?"라고 말하며 비웃는 것을 본 적이 있다. 초임교사를 무시하는 선생님들도 적지 않다. 초임교사가 담임을 맡고 있는 반에 들어와서 너희 선생님이 아직 어려서 뭘 좀 모른다고 말하는 선생님들도 있었다.

선생님의 말과 행동 하나하나는 학생들의 관찰대상이라 널리 퍼지기 쉽고, 더군다나 다른 선생님을 무시하는 발언은 더욱 파급력이 크다. 학생들은 선생님들 사이에서의 위계를 선생님들의 태도에서 파악하고 또 그 태도에 익숙해진다. 수업시간에 아무도 선생님들의 위계에 대해 가르쳐 주지 않았지만 학생들은 충분히 경험할 수 있다.

사례 157 학생자치회의를 통해 결정된 자유로운 제도의 부작용을 보고 자율이 항상 최선이 아니라 단점도 있을 수 있다는 것을 경험함

고등학년 저학년 때는 두발검사를 엄격히 시행했었고 옷차림의 단속도 심했었다. 그러다 **3학년 때 학생자치회의를 통해 두발자유와 하복 속에 반팔 입기, 체육복 입고 등하교 등을 시행하게 되었다. 그러나 기대했었던 효과는 차치하고서라도 학습 분위기는 매우 산만해졌고 학생들은 점점 더 많은 것들을 요구하고 그것들을 당연시 여기게 되었다.**

나는 학생의 입장에서 학교규율이나 규칙, 지켜야 하는 용모 규정들이 잘못된 것이라고 생각했었지만, 한편으로 **질서유지와 학교의 목표달성을 위해 어느 정도 규칙과 규율이 필요할 수 있겠다는 생각을 하게 되었다.**

또한 우리 사회에서 필요치 않다고 여겨지는 많은 규칙과 규율이 사실은 사회의 유지를 위해서 없어서는 안 될 꼭 필요한 것일 수 있다는 것을 깨닫게 되었다. 또한, **한쪽의 입장에서 판단하는 것이 아닌, 중립적인 시선으로 장단점을 논리적으로 생각해 보고 필요하다고 여겨지는 것들을 인정하는 태도를 길러야겠다고 생각했다.**

사례 158 수업에 적극 참여하고 열심히 했던 학생이 수동적이고 조용한 교실 분위기에 동화되어서 결국 남들처럼 수업시간에 침묵하고 수동적인 자세를 갖게 됨

고등학교 때 열심히 공부하는 한 학생이 있었다. 모든 학생들이 본격적으로 대입을 준비하는 만큼 대다수 학생들은 공부에 집중하는 분위기였다. **대부분의 아이들은 수업 시간에 집중해서 듣거나 필기만 하거나, 자기주도학습 시간에 조용히 자신의 공부를 하였으나, 그 학생은 특이하기도 수업에 적극적으로 참여하는 모습을 보였다.**

법과 정치시간에 홉스와 로크, 루소에 대해 배우며 "홉스는 성악설을 주장한 사람으로 인간의 자연 상태는 만인의 만인에 대한 투쟁 상태라고 이야기하였단다"라고 선생님이 설명하시면 "아!"와 같은 반응을 하였고, "로크는 저항권을 인정하였고 간접민주정치를 주장했는데 이와 반대로 루소는 직접민주정치를 이루어야 한다고 주장했어"라는 설명에는 이해했다는 듯이 고개를 끄덕거리며 사소한 말 하나하나 모두 필기하였다.

그러나 **그 학생을 제외한 모든 학생들은 수업시간에 조용히 수동적으로 참여했기 때문에 일부 학생들 눈에는 그런 행동들이 눈에 거슬린 것 같았다. 1학기 몇 달 동안 그 학생은 혼자서 그런 식으로 수업에 적극적으로 참여했는데, 결국엔 수업시간에 남들처럼 조용히 필기하며 공부하는 학생이 되었다.** 수업시간에 대답하지 않고 수동적인 태도를 취하는 교실의 학습 분위기로 인해 적극적인 학생까지 조용해지게 되었고 이는 대학에 와서도 그대로 이어지는 부정적 결과를 낳았다.

〈해설 및 이론〉

사례 158에서 **적극적인 학생은 조용하고 수동적인 학급 분위기에 동화되어 수동적으로 변하였다.** 때로는 학급 분위기를 깨는 것으로 여겨지는 학생의 행동이 동료 학생들과의 갈등에 직면하는 경우도 있다. 예를 들어, 수업시간에 질문을 많이 한다고 눈총을 받거나 직접적으로 "네가 질문을 많이 하면 쉬는 시간이 줄어드니까 그러지 좀 마" 하는 친구의 항의를 받는 경우도 있다. 이로 인해서 적극적으로 질문하고 대답하는 학습태도가 소극적인 학습 분위기에 암묵적으로 영향을 받아서 침묵하고 수동적으로 반응하는 부정적 결과로 나타나기도 한다.

사례 159 수업에 적극 참여하는 일부 학생들의 영향으로 학급 분위기가 긍정적으로 바뀌고 반 전체가 수업에 적극적으로 참여함

고등학교 때 소수의 수업에 적극적인 학생들로 인하여 교실 분위기가 크게 바뀔 수 있다는 것을 경험하였다. **학기 초 대부분의 학생들은 교사의 말에 지나치게 크게 반응하는 학생들의 행동을 낯설어하였다. 그러나 점차 그런 수업 분위기에 익숙해지면서 다른 친구들도 큰 리액션을 따라하게 되었다.**

결과적으로 반 전체가 수업에 대한 참여도가 높아졌고, 교사도 우리 반에서 수업을 하는 것이 즐겁다고 직접적으로 표현하였다. 학생과 교사가 계속해서 선순환을 이루어 해당 과목의 학습에 대한 흥미도와 성적이 오르게 되었다. **학습자의 적극적인 태도와 교사의 원활한 피드백이 이루어지는 수업으로 인해 서로가 긍정적 효과를 볼 수 있었다.**

<해설 및 이론>

학교문화란 학교풍토를 포함하며 조직 구성원들에게 내면화된 역사적인 신념이나 가치관이 표현된 것이다.[49] 학교의 발전이나 변화를 위해서는 학교의 문화를 이해하는 것이 필요하다. 학교문화는 학교마다 다르며, 교실문화는 교실마다 다르기 때문이다. 국내 **학교문화에 대한 연구는 주로 학교조직문화 연구에 치우쳐 있다.**[50] 교실 내부로 시선을 옮긴 **미시적 학교문화 연구가 부족한 실정**이다.

사례 158과 159는 수업과 관련한 **교실문화** 사례들이다. 학교에는 다양한 교실문화 존재하며, 교실문화는 다양한 형태로 나타난다. **학생들 사이에 유행하는 문화가 교실문화에 큰 영향을 미치는 경우가 있다.** 예를 들어 특정 브랜드의 옷이 학생들 사이에 유행한 경우가 있었다. 학생들은 특정 브랜드의 옷이 너무 비싸 학생에게 어울리지 않는다는 것을 알면서도 친구들과 동화되고 싶은 마음에 무리하게 구입을 해서 입고 다닌다. 따라서 이런 옷의 유행을 무조건 탓하기보다 학생들 사이의 교우관계를 먼저 살펴야 한다.

다른 예로 SNS 문화가 교실문화로 침투하는 경우도 있다. SNS상에서 이루어지는 또래문화가 교실문화로 이어져 따돌림이나 언어 폭력 문제를 초래하는 경우도

를 많이 찾아볼 수 있는데, 사이버상의 폭력이 학교폭력으로 이어지기 때문이다.

학교문화와 관련된 잠재적 교육과정의 다른 사례는 다음과 같다. 학교 분위기에 따라 선후배 관계가 엄격한 학교에 입학한 학생들이 처음에는 불편해하고 저항하지만 대부분은 **결국 동화되어 버리고**, 똑같은 선배가 되어 버린다. 선배의 졸업에 졸업반지와 같은 금전적 선물을 하는 전통이 남아 있는 학교도 있으며, 이것은 학생자치회 내의 갈등 원인이 되기도 한다. 반면, **엄격한 위계질서 문화가 있는 학교에서 어떤 학생들은 선배에게 인사하고 존대하는 문화를 통해 사회관계를 배우기도** 한다. 이처럼 다양한 학교문화, 교실문화가 존재하므로 학생들을 지도하기 위해선 먼저 학교와 교실에서 지속되는 그들의 문화를 이해하고 접근해야 한다.

6. 그 밖의 사례

사례 160 **성폭력 사건과 폭행 사건이 복잡하게 벌어진 상황에서 학교의 미흡한 대처에 실망하고 서운함을 느낌**

중학교 시절 학교폭력자치위원회와 관련된 사례이다. **한 남학생이 여학생의 교복 치마 속을 촬영한 일이 있었다.** 선생님보다 학생들 사이에서 먼저 소문이 돌자 **촬영당한 여학생들의 친구인 남학생들이 촬영한 남학생을 방과 후 쓰레기장에서 집단으로 폭행**하였다. 피를 흘리며 집으로 가고 있는 그 남학생을 학교 지킴이 아저씨가 발견하고 학교에 알리게 되었다. 학교의 상황은 성추행 사건과 집단폭행 사건이 중첩되어 더욱 심각해졌다. 나 또한 촬영의 대상이 된 여학생들 중 하나였다. 나는 이 사건으로 인해 학교에서 진술서를 작성하였고, 경찰서에 방문해 진술을 하였으며, 학교폭력위원회에 피해자로 자리에 서기도 했다.

이 과정에서 학교의 대처는 너무나 미흡했다. 사건의 처리에만 급급했고, 여학생들의 현재 심정은 전혀 고려하지 않았다. 성추행 사건보다 폭행 사건이 더 중요하게 다

뤄지는 듯 보였고, 여학생들의 진술서는 학교에만 보관되어 있었으며, 결국 수사도 허술하게 진행되었다. 사건은 집단폭행을 한 남학생들의 사과와 합의금으로 마무리가 되었고 성추행 사건은 흐지부지되었다. 이후 몰래 촬영한 학생은 다른 지역으로 전학을 갔고 우리에게 남은 것은 불쾌감, 분노, 억울한 감정이었다.

나는 그 남학생을 강경하게 처벌하기를 원한 것이 아니었다. 피해 여학생들의 얼굴을 보고 사과를 하고 사진을 지우는 것이 바라는 전부였다. 하지만 내 요구는 전혀 이뤄지지 않았고, 그 남학생은 자신을 폭행한 남학생들로부터 사과와 합의금을 받고 사건을 마무리 지었다. 사건이 처리되는 과정에서 여학생들은 학교로부터 어떠한 도움도 받지 못하였다. 사건 이후 상담도 제공되지 않았고 우리가 작성한 진술서는 경찰에 제공되지도 않았다. 사건을 급하게 마무리하려는 것 같았다.

학교가 학생을 보호하는 기관이라고 배웠는데, 현실은 다르다는 것을 깨달았다. 학교폭력 대처방안이 너무나도 허술하고 가해자 처벌, 피해자 보호 중 어느 하나 제대로 되는 것이 없다는 것을 느꼈다. 학교폭력에 대한 대처방안이 많이 부족하다고 생각했다. 사회적 약자를 보호해야 한다고 가르치는 학교에서 전혀 사회적 약자에 대한 보호가 이뤄지지 않았다. 학교에서 배운 것과 학교의 현실은 다르다는 것을 경험하였다.

사례 161 학교폭력에 대해 느슨한 교화 위주의 처분으로 가해학생들이 반성하기보다 처벌을 가볍게 여기고 괴롭힘을 계속 행함

중학교 시절 학교에는 친구들을 괴롭히는 불량 학생들이 있었고 나도 피해학생 중 한 명이었다. 학교에는 불량 학생들이 많았으나 선생님들이나 경찰들은 증거가 충분하지 않으니 관심을 기울이지 않았다. 불량 학생들은 다른 학생들을 점점 더 강하게 괴롭혔고, 명확한 피해자가 생기자 학교도 관심을 갖기 시작하였다.

그러나 **학교의 처분은 처벌이 아니라 교화 위주였다.** 즉 가해자가 피해자에게 사과하거나, 사회봉사 등의 징계를 받는 것이 아닌, 선생님들과 영화관에 가서 영화를 보고 오거나 야구장에 가서 야구를 관람하거나 대관령에 가서 캠핑을 하고 오는 등 '놀러 다니는 것'이었다. 학생부장 선생님은 이것이 학생을 교화하기 위한 방법이라고 하였지만, 불량 학생들은 출석이 인정되는 소풍이라고만 생각했다. 그러면서 **그들은 반성은커녕 다른 학생들을 더 괴롭혔다. 괴롭힌 것이 발각되더라도 소풍 갔다 오면 그만이기 때문이었다.** 이로 인해 불량 학생들의 괴롭힘은 더 심해져 갔다.

사례 162 생활기록부가 대입 전형자료로 쓰이면서 생활기록부에 기록되는 활동 중심으로만 학교활동이 변질되어 운영됨

학생부종합전형이라는 대학 입학 제도로 인해 생활기록부의 의미가 변질되어 버렸다. **학생들은 교사들에게 잘 보이기 위여 생활기록부를 채워가기 위해 이기적인 행동도 하고, 자신의 다양한 경험을 위해서가 아닌 대학 입시를 위한 활동만을 하여 생활기록부를 채워 나간다.** 생활기록부의 모든 내용들을 교사들이 기록하기 때문에 학생들은 교사에게 잘 보이기 위해서 눈치를 보기도 한다. 교사가 학생을 혼낼 때도 학생의 잘못에 대해 반성하게 하는 것이 아닌, 생활기록부를 빌미로 압력을 주기도 한다. 그래서 **아이들이 스스로의 개성을 중요시 여기는 것이 아닌 생활기록부 기록에 맞추어 살아가는 문제점이 생기기도 한다.**

사례 163 학교 상담센터에서 고민을 얘기하고 싶었으나 공감해 주기보다는 심리검사가 정상이라고 별 관심을 두지 않는 상담 선생님에 실망하고 이후로 주위 사람들에게 섣불리 말을 꺼내지 않는 성격이 됨

고등학교 때 교우관계와 성적 스트레스가 맞물려 마음이 힘들고 우울했던 적이 있었다. 교우관계가 얽혀 있었기에 친구들에게 힘든 마음을 털어놓지 못하고, 부모님에게 말하기에도 별로 내키지 않았다. 그래서 학교에 있는 상담센터로 갔다.

하지만 **나의 이야기를 들어 주길 바랐던 것과는 다르게 먼저 심리 테스트를 했고, 테스트 결과 정상이라는 판정을 받았다. 정상이라는 말이 그렇게 잔인한 줄 처음 알았다.** 나의 마음고생은 모두 정상이라는 단어 하나로 묵살되었다. 당시에 정상이 아니라 비정상이 나왔으면 더욱 나에게 도움이 되지 않았을까 생각도 해 보았다. 나의 힘든 것이 정말 별것도 아닌 일로 취급당하는 것이 유쾌하지 않았다. 힘들다고 이야기를 해도 "아니야. 그래도 넌 그 정도면 괜찮지 않니?"라는 식의 대답을 들었다.

이후 큰일이 아니고서는 주위 사람들에게 섣불리 말을 꺼내지 못하는 성격이 되었다. 이전에도 쉽게 주위 사람들에게 힘든 점을 말하는 성격은 아니었지만, 지금은 "그게 뭐?"라는 식의 대답이 돌아올까 봐 무서워서 말을 못하게 되었다.

사례 164 내신 성적을 잘 받기 위해 시골로 전학 온 학생을 보며 질투와 부정적 감정을 느낌

시골에서 학교를 다닌 나는 내신 성적을 잘 받기 위해 대도시에서 전학 온 학생들을 많이 보았다. 그 학생들은 주말이 되면 집에 가서 종합학원을 다니며 공부했고, 상위권을 유지해 마지막엔 서울권의 대학에 진학하였다.

이것을 보며 자신의 노력 못지않게 태어난 지역, 환경, 부모님이 성적에 많은 영향을 미친다고 생각하게 되었다. **당시 그들을 부러워하면서도, '쟤들은 부모를 잘 만나서 성공한 거야'라는 부정적인 마음, 즉 질투와 같은 것들이 마음 한편에 남았던 것 같다.**

사례 165 수업시간 중 교사 개인 의견이 담긴 정치적 발언을 들으며 은연중에 교사의 생각과 비슷한 정치적 성향을 갖게 됨

고등학교 때 ○○ 선생님은 수업시간에 자주 정치적인 발언을 하셨다. 특정 정치인을 거론하며 자신의 정치적 생각을 말씀하기도 하였고, 때로는 학생들에게 자신의 생각이 옳다는 것을 인정받길 원하기도 하였다.

선생님의 정치 얘기를 들으며 나도 은연중에 선생님의 생각과 비슷한 정치적 성향을 갖게 되었다. 그래서 뉴스나 신문에서 보이는 정치적 이슈나 사건에 편견을 갖고 선생님이 말하였던 내용을 토대로 정치인을 평가하거나 사건을 해석하였다. 그러면서 전에는 별 관심이 없었던 '정치'라는 분야에 대해 알게 되고 주의를 기울이게 되었다.

하지만 얼마 지나지 않아 그렇게 극단적으로 교사의 정치적 성향을 닮아 가고 색안경을 끼고 세상을 바라보는 것이 지나치게 수동적인 태도이고 바람직하지 않다는 것을 깨닫게 되었다. 이후 선생님이 정치적 발언을 할 때 반사적으로 **'선생님이 옳지 않을 수 있다'라는 생각을 하면서 내 나름대로 객관적으로 판단하려고 노력했다.** 또한 정치적인 주제뿐만 아니라 누군가의 생각을 무비판적으로 받아들이는 것이 아니라 나의 생각을 토대로 분별하고 숙고하면서 수용하려고 노력하였다. 문제를 편협한 시각으로 바라보고 판단하는 것이 아니라 능동적으로 생각해 보게 해 준 경험이었다.

사례 166 야간자율학습이 자신의 학습 스타일에 부합하여 좋은 경험으로 기억됨

나에게 야간자습 시간은 반가운 시간이었다. 고등학교 때 수업은 오전 8시에 0교시 수업부터 시작해서 18시 20분에 8교시 수업을 마쳤는데, 정규수업이 끝나면 일부 학생들은 저녁을 먹고 19시 20분부터 자정까지 의무적으로 야간자습을 했다.

매일 많은 시간 수업을 듣다 보니 예습을 해서 이미 알고 있었던 내용도 있었지만, 이해가 되지 않는 수업도 많았다. 그런데 선생님마다 다양한 방법으로 수업을 하다 보니 내가 필요로 하는 수업방식이나 내용을 찾기가 힘들었다. 그래서 **내가 부족하다고 생각하거나 더 알아보고 싶어 했던 부분을 원하는 대로 공부할 수 있는 자습시간이 정**

말 좋은 시간이었다.

또한 고등학교 생활을 하면서 느낀 점은 정규시간 외의 **방과 후 시간은 단순하게 수업을 연장해서 하는 것이 아니라 '학생이 스스로 공부하고 교사는 도움을 주는 형태'가 되어야 할 것 같다.** 구체적인 방법으로 정규수업이 끝나면 학생들은 정해진 학급에서 벗어나 그날 자신이 공부하길 원하는 과목별로 학급을 재구성해서 수업을 듣게 하는 것이다. 이때 수요가 고르지 않아 불균형이 일어날 수 있지만, 추가로 교사를 투입하면 해결할 수 있을 것이다. 그렇게 반을 구성해 자율학습을 운영하면서 학생들의 질문에 선생님들이 개인별로 답변을 해 주고, 중요한 질문에 대해서는 짧은 시간이라도 전체의 학생들에게 설명 또는 간단한 토의 등의 형태로 지도를 해 준다면 좋은 효과를 거둘 수 있을 것이다.

사례 167 야간자율학습에서 길러진 인내심이 대학 이후의 삶에 도움이 됨

고등학교 입학 다음 날부터 야간자율학습을 하였다. 학교에 밤 11시까지 남아서 스스로 공부를 해야 한다니! 말은 자율이었지만, 실제로는 선생님의 강요 아닌 강요였다.

중학교 때까지 학원이나 독서실에서 공부하지 않고 집에서 자율학습을 했던 나에게 야간자율학습은 정말 신선했다. 정규 수업시간이 모두 마친 후 '보충수업이 끝나고 저녁까지 먹고 함께 밤늦게까지 공부를 하다니! 저녁식사 시간이 끝나고 야자의 시작을 의미하는 종소리가 울리면 시끄럽던 학교가 금세 고요해지고 교실에는 책 넘기는 소리와 연필이 사각대는 소리와 복도에서 야자감독 선생님의 발걸음 소리만 있었다. 17시 30분부터 21시까지는 책 가지러 사물함에 가는 것이 금지되었다. 학습 분위기 저하를 이유로 공부할 때 이어폰으로 음악조차 듣지 못했다.

야자 첫날 내가 느낀 것은 숨이 막힐 것만 같은 답답함이었다. 이 감정은 비단 나뿐만이 아닌 듯했다. 중학교 생활 내내 학원이나 독서실 등에서 공부했던 동료들도 야자에 매우 압박감을 느끼고 있었다.

하지만 한두 달이 지나고 학교생활에 적응하고 야자에도 익숙해져 갈 때 즈음, 1시간 반 동안 미동도 않고 공부만 하고 있는 나를 발견하게 되었다. 잡담을 좋아하고 부산스럽게 공부하던 내가 떠들지 않고 한자리에 앉아서 미리 정해 놓은 목표에 따라서 충실히 집중해서 공부하게 된 것이다. **야간자습을 통해서 인내심을 학습하게 된 것이다.**

고등학교 3년 내내 길러진 인내심은 내가 원하는 학교에 진학하는 데 큰 도움이 되었다. 또 이후의 힘든 생활도 꿋꿋이 마치도록 해 주는 밑거름이 되었다.

후기

독자는 아래의 세 차원에서 해석의 신중함이 필요하고 본문의 사례들을 자신의 학급, 교과, 학생들에게 적용할 때 세심함과 주의가 요구된다.

1. 일반화의 위험성

책의 내용이 특수한 개별 사례이고, 모든 것이 case by case임을 유념해야 한다. 이것은 본문의 내용과 같거나 비슷한 상황에서 정반대의 반응이나 결과가 나올 수 있다는 의미이다.

만약 아이가 수업 중 수업방해 행동을 하여서 따로 불러서 훈계를 하였는데, 같은 훈계에 대하여 (아이 외에 다른 모든 변인이 정확하게 같음에도 불구하고) A는 비딱하게 받아들이고 이후 교사와 관계가 더 틀어진 반면, B는 긍정적으로 받아들이고 자신의 문제행동을 고치려고 노력하는 반응을 보일 수 있다. 아이에 따라서, 같은 아이라도 심리상태에 따라서 매우 다양한 반응이 나올 수 있다. 즉, 모든 것이 case by case이다. 그래서 본문의 사례를 결코 일반화해서는 안 될 것이다. 본문의 사례들을 자신의 학급, 교과, 학생들에게 적용할 때 다르거나 반대의 반응이 나올 수 있음을 유의해야 한다.

2. 인과론적 해석의 위험성

상황(교사의 질문, 반응, 행동 등)에 대한 아이의 반응(행동)을 인과론적으로 해석하는 것은 매우 위험하다. 본문 사례에서 나타나는 상황과 이에 대한 아이의 반응을 원인과 결과로 해석하는 것은 위험하다. 우리는 흔히 **인과론적 사고의 함정, 즉 직선적(linear) 사고의 함**

정에 빠지는 오류를 범한다. 상황에 대한 아이의 반응은 결코 반응에 대한 원인이 한 개만 있는 일대일(1:1) 대응 관계가 아니다. 상황에 대한 아이의 반응은 다대다(多:多)의 관계이고 여러 변인이 서로 얽히고설킨 복잡한 다차원의 관계이다.

따라서 본문의 사례를 해석할 때 아이가 그렇게 반응(행동)한 원인이 사례에 기술된 상황 한 가지 때문이라고 판단하는 것은 위험하다. 대신 아이가 그렇게 반응한 **원인은 많은데 그 많은 원인 중 하나가 (사례에 기술된) 상황일 수도 있을 것이라고 해석하는 것이 타당**할 것이다.

교사가 수업 중 농담을 하였는데 같은 농담에 대하여 A는 긍정적으로 받아들여서 재미있다고 생각하고 수업에 집중하며 교사를 좋아하게 된다. 반면, B는 수업과 무관한 내용이라고 생각하고 수업과 무관한 얘기를 하는 교사를 부정적으로 평가한다. 오히려 수업시간에 귀를 닫아 버리고 교사를 싫어하게 된다. 이처럼 같은 상황에 대하여 각기 다른 반응이 나온다. 그래서 아이가 그런 행동을 한 원인이 오로지 교사의 농담 때문이라고 해석하는 것은 위험하다. 아이가 부정적으로 반응한 **원인은 많으며 여러 원인 중 하나가 교사의 농담일 수도 있을 것이라고 해석하는 것이 타당**하다.

121번 사례(교사의 단 한 번의 농담에서 아이가 창피함을 느끼고 트라우마가 생긴 사례)에서 아이가 트라우마가 생긴 원인이 바로 교사의 농담 때문이라고 해석하는 것은 위험하다. 만약 이렇게 해석한다면 이 책을 읽는 교사는 앞으로 교수활동이 경직되어 수업시간에 농담을 하지 않을 것이다. 이것은 이 책이 의도하는 바가 결코 아니다.

3. 주체의 능동성

아이는 결코 **수동적인 존재가 아니다.** 아이는 현상을 해석하고 반응(행동)함에 있어 능동적이다. 이것을 주체의 능동성이라고 한다. 주체의 능동성을 지닌 아이는 외부환경(변인)을 일방적으로 수용하지 않는다. 만약 아이가 주체의 능동성이 없는, 수동적 존재라면 외부환경(변인)에 일방적으로 수용당할 것이고 그렇다면 같은 환경에 대하여 같은 반응을 보일 것이다. 기계는 이렇게 반응한다. 그러나 주체의 능동성을 지닌 아이는 외부환경에 일방적으로 수용당해서 같은 상황에 대하여 같은 반응을 하지 않는다.

아이는 능동적이다. 같은 농담을 재미있게 받아들이거나 무시 혹은 부정적으로 받아들일 수 있다. 그 **'선택은 내(아이)가 하는 것'**이다. 그래서 아이는 주체의 능동성을 지닌 존재이다. 만약 주체의 능동성이 없다면 같은 상황(농담)에 대하여 같은 반응을 보여야 한다.

그러나 아이는 같은 상황에 대하여 다양한 반응을 보인다. 같은 상황에 대하여 긍정 혹은 부정의 다양한 반응을 보이는 것은 능동적으로 취사선택하여 반응하기 때문이다. 같은 상황에 대하여 A는 무시하고, B는 재미있다고 생각하고, C는 비딱한 태도를 보이는 것은 능동적으로 취사선택하여 반응하기 때문이다.

주체의 능동성이 본문 사례 해석에 주는 시사점은 **아이에게도 자신의 행동에 대한 책임이 있다**는 것이다. 따라서 아이가 부정적 반응을 보인 원인을 외부환경(예, 교사의 농담)에서만 찾으면 안 될 것이다. 왜냐하면 여러 대안적 행동 중 그 행동(예, 부정적 행동)을 취사선택한 것은 **바로 나 자신**이기 때문이다. 즉, 내가 여러 대안적 행동 중 그 행동을 스스로(능동적으로) 선택하여 한 것이다[비록 아이는 자신이 그렇게 행동한 원인이 외부환경(예, 교사의 농담)때문이라고 생각하고 나는 어쩔 수 없었다고 생각할 수 있다].

아이가 부정적 행동을 한 원인으로 외부환경이 영향을 미쳤을지라도 아이는 외부환경에 종속당하지 않고 그것을 **극복할 힘(주체적 힘, 주체의 능동성)을 지녔다.** 그래서 어제 극복하지 못한 상황을 오늘은 극복할 수 있는 것이다. 주체의 능동성을 염두에 두고 이 책의 다양한 상황들이 아이에게 어떻게 영향을 미치는지 살펴봄으로써 교육 현장의 복잡한 상황에 대처하는 실제적 역량을 함양할 수 있다.

미주

Part 1

1 김대석(2017). 쉽게 풀어 쓴 교육과정과 수업. 서울: 박영스토리. 53-61.
2 김대석(2017). 쉽게 풀어 쓴 교육과정과 수업. 서울: 박영스토리. 55.

Part 2

3 박도순, 홍후조(2006). 교육과정과 교육평가. 서울: 문음사. 306-308.
4 이종승(2009). 현대교육평가. 경기도 파주: 교육과학사.
5 김종서(1987). 잠재적 교육과정의 이론과 실제. 서울: 교육과학사.
6 황연성(2014). 신나는 디베이트. 서울: 이비락. 161-165.
7 김대석, 조호제(2013). 수준별 수업이 학업성취도에 미치는 영향. 교육문제연구, 26(2), 1-24.
8 김대석, 조호제(2013). 수준별 수업이 학업성취도에 미치는 영향. 교육문제연구, 26(2), 1-24.
9 김경준, 김지혜, 김영지(2013). 청소년 또래멘토링의 효과에 대한 질적 연구. 한국청소년연구, 23(3), 306-310.
10 Chan, C. C., & Ho, W. C.(2008). An ecological framework for evaluating relationship-functional aspect youth mentoring. *Journal of Applied Social Psychology*, 38(4), 837-867.
11 에듀동아(2018.6.2.). 섣부른 선행학습, 수포자·영포자 넘는 '공포자' 만든다.
12 최홍준(2015). 초등학교 교사와 학생 간의 상호작용 요인분석. 초등교육학연구, 22(1), 129-130.
13 Ginott, H. G.(1972). Between teacher and child. 신홍민 역(2009). 교사와 학생 사이. 서울: 양철북. 86-89.
14 Ginott, H. G.(1972). 전게서. 97-102.
15 Ginott, H. G.(1972). 전게서. 89-96.
16 Ginott, H. G.(1972). 전게서. 132-133.
17 황신웅(2014). 스토리텔링 교육을 아우르다. 서울: 성균관대학교 출판부. 7.
18 류수열, 유지은, 이수라(2007). 스토리텔링의 이해. 서울: 글누림. 13-38.
19 김대석(2017). 쉽게 풀어 쓴 교육과정과 수업. 서울: 박영사. 144-150.
20 김대석, 성정민(2017). 인지·정서통합계발 수업의 설계원리 및 방법 탐구: 교과기반 인지·정서통합수업모형을 중심으로. 교육과정연구, 35(4), 108.
21 김대석, 성정민(2017). 전게서. 108.

22 김대석, 성정민(2017). 전게서. 108.

23 김대석(2017). 쉽게 풀어 쓴 교육과정과 수업. 서울: 박영사. 145-146.

24 최윤미 외(1998). 현대 청년심리학. 서울: 학문사.

25 이수진, 김주환, 박성혁(2006). 교사의 지도유형이 학생의 문제행동에 미치는 영향. 법교육연구, 11(1), 88.

26 김달효(2009)는 중등학교 학생이 지각하는 교사의 훈육 유형을 민주형, 전제형, 지원형, 방임형, 타협형 등 5가지로 구분함

27 김달효(2009). 중학생이 인식하는 교사의 훈육유형과 훈육효과 분석. 인문사회과학연구, 22, 308-312.

28 이수진, 김주환, 박성혁(2006). 교사의 지도유형이 학생의 문제행동에 미치는 영향. 법교육연구, 11(1), 87-89.

29 이문석(2004). 학급운영, 민주적 학생자치의 원리로. 중등우리교육, 168, 112-115.

30 M. Spiegler & D. Guevremont(2011). Contemporary Behavior Therapy(5th ed.). 강영심, 황순영(역). 최신행동치료. 센게이지러닝코리아. 132.

31 Spiegler & Guevremont(2011). 전게서. 108.

32 Spiegler & Guevremont(2011). 전게서. 120.

33 Spiegler & Guevremont(2011). 전게서. 107.

34 Spiegler & Guevremont(2011). 전게서. 124.

35 Ginott, H. G.(1972). Between teacher and child. 신홍민 역(2009). 교사와 학생 사이. 서울: 양철북. 137-142.

36 Ginott, H. G.(1972). 전게서. 157-158.

37 Meyers, S. A.(2008). Working alliances in college classrooms. Teaching of Psychology, 35, 29-32.

38 김대석, 성정민(2016). A. N. Whitehead의 관계맺음과 자기생성과정이 교육에 주는 함의: 교육과정과 교육평가를 중심으로. 교육철학, 58, 1-31.
성정민, 김대석(2014). 교육에서 어우러짐의 개념화: 관계, 사고체계, 학제의 세 가지 측면을 중심으로. 교육과정연구, 32(4), 1-16.

39 김미림, 한수정(2015). 학생 및 학교 수준 요인들이 학업성취도에 미치는 영향: 교사의 지원 및 헌신이 관련 변수와 갖는 관계를 중심으로. 교육평가연구, 28(5), 1357-1380.

40 송민영(2009). 배려 중심의 홀리스틱 교육과정과 수업 방법. 홀리스틱융합교육연구, 13(1), 19-36.

41 김경미, 양혜영(2005). 성역할 개념의 발달과 분화: 다차원적 관점. 한국심리학회지: 발달, 18(3), 1-20.

42　조한무, 임승엽(2012). 초등학교 체육수업 내 성 고정관념의 전이 및 재생산, 그리고 교사의 딜레마. 한국초등체육학회지, 18(2), 1-14.

43　김소정(2008). 청소년 성역할 고정관념에 관한 연구: 성 차이를 중심으로. 사회복지연구, 36, 129-149.

44　백남권(2008). 한일 초등학교 과학 교과서의 삽화에 나타난 성역할 고정관념 비교분석. 한국일본교육학연구, 12(2), 151-166.

45　김미정, 유태명(2008). 양성평등적 관점에 기초한 제7차 중학교 기술·가정 교과서의 가정 영역 삽화 및 사진의 심층 분석. 실과교육연구, 14(3), 153-180.

46　김종서(1987). 잠재적 교육과정의 이론과 실제. 서울: 교육과학사.

47　최창욱(2018). 아동·청소년 권리에 관한 국제협약 이행 연구-한국 아동·청소년 인권실태 2018 총괄보고서. 세종: 한국청소년정책연구소, 409-413.

48　이정선(2007). 학교변화의 방법으로서 학교문화 변화전략. 교육인류학연구, 10(1), 127-154.

49　박상철(2003). Schein의 조직문화개념 분석에 기초한 학교문화와 학교풍토의 개념적 관계. 교육행정학연구, 21(4), 161-178.

50　김민조, 이현명(2015). 학교문화에 관한 국내 연구 동향 분석. 열린교육연구, 23(4), 255-284.

찾아보기

저자 약력

김대석

공주대학교 사범대학 교육학과 교수
현) 한국인성 · 감성교육학회장

[저서 및 논문]
쉽게 풀어 쓴 교육과정과 수업의 이해와 실천(박영사)
실패 없는 아이: 모두가 행복한 학급 만들기(박영사)
좋은 수업의 실제(근간)

〈Social and emotional learning in a classroom〉, 〈좋은 수업을 위한 교수학습결연 탐구〉, 〈인지 · 정서통합계발 수업의 설계원리 및 방법탐구〉, 〈감성교육의 필요성에 관한 연구〉, 〈인성교육의 실천적 방법으로서학급훈육 결정모형 연구〉, 〈협동학습과 수학에 대한 정의적 태도의 관계분석〉, 〈학교 교육과정의 효과성에 관한 연구〉, 〈학교 과학교육과정이 과학과 학업성취도에 미치는 영향의 크기 측정〉 외 다수

성정민

공주대학교 교육학박사
현) 경기도 평택 계성초등학교 교사, 공주대학교 교직부 강사

[저서 및 논문]
쉽게 풀어 쓴 교육과정과 수업의 이해와 실천(박영사)
좋은 수업의 실제(근간)

〈교육과정과 수업의 미학적 해석: Dewey의 "하나의 경험"을 중심으로〉, 〈Ubd 설계론에 기반한 교과 단원 설계 실습 모형 개발〉, 〈교육과정 문해력의 개념 탐구: 경기도교육청의 사례를 중심으로〉, 〈예비교사들의 교육관 분석〉, 〈A. N. Whitehead의 유기체철학에 비추어 본 지식교육 개념의 확장〉, 〈A. N. Whitehead의 과정론에 내재된 교사와 학생의 의미 이해〉, 〈Heidegger의 현존재(Da-Sein)가 학교교육목표 설정에 주는 함의〉외 다수

김경성

공주대학교 교육학과 박사과정 수료
현) 세종시 새롬고등학교 교사

[저서 및 논문]
바른 품성 5운동 운영 사례집(충청남도교육청)
영재학급 수업운영 매뉴얼(한국교육개발원)

〈탈북청소년의 역사교육 실태와 문제점 분석〉, 〈탈북학생의 한국사회 적응을 위한 역사교육 방안〉, 〈동양윤리사상의 이상적 인간상이 갖고 있는 정서의 특성과 도덕교육에서의 활용방안〉, 〈도덕적 사고력 향상을 위한 도덕교과교실 설계 방안〉, 〈에릭슨의 성격발달단계이론의 관점에서 본 북한 도덕교육이 청소년의 자아정체감 형성에 미칠 영향에 관한 연구〉 등

아이들의 눈으로 본 학교와 교실 이야기

잠재적 교육과정의 이론과 실제

초판발행   2020년 2월 27일

지은이   김대석 · 성정민 · 김경성
펴낸이   노 현

편 집   황정원
기획/마케팅   이영조
디자인   BEN STORY
제 작   우인도 · 고철민

펴낸곳   (주) 피와이메이트
             서울특별시 금천구 가산디지털2로 53 한라시그마밸리 210호(가산동)
             등록 2014.2.12. 제2018-000080호
전 화   02)733-6771
f a x   02)736-4818
e-mail   pys@pybook.co.kr
homepage   www.pybook.co.kr
ISBN   979-11-90151-43-6 93370

정 가   15,000원

박영스토리는 박영사와 함께하는 브랜드입니다.